桑和朵瑪

西藏離散社群的流動與社會韌性

林汝羽 著

【目錄】

寫給那些還在搜索安全的國土、建造家園的人們，也想送給那些已經安頓下來的疲倦靈魂。

緒論：難民群體的韌性與流動性

每個世代記憶難民的模樣都各不相同，隨著世代的變化，過去的難民形象逐漸被遺忘，同樣的語詞用來描述另一群人，這一代人從上一代人那裡承襲慣用的詞彙的味道留存，意義卻可能截然不同。二戰期間與之後大量的人口遷徙跨越國境，保護他們逃難的人權而不被視為偷渡客，聯合國在一九五一年通過《難民公約》，並於一九六七年放寬了對於二戰難民潮的特別時序推定，因此目前國際上公認難民的定義是：「具有正當理由而畏懼，會因為種族、宗教、國籍、特定社會團體的成員身分或政治見解的原因受到迫害，因而居留在其本國之外，由於其畏懼，不願接受其本國保護的任何人。」也就是說，任何人基於前述的處境必須逃離自己的國家，國際人權規範保障他們有自由流動遷移的權利。對於這些人逃離後進入的第二國或第三國，國際上也存在「禁止驅逐出境或遣返原則」。前述《難民公約》三十三條提出，任何締約國不得以任何方式將難民驅逐或送回（「推回」）至其生命或自由因為他的種族、宗教、國籍、參加某一社會團體或具有某種政治見解而受威脅的領土邊界；第三十二條也規定締約各國除因國家安全或公共秩序理由外，不得將合法在其領土內的難民驅逐出境。上述規定並不僅適用於締約國，非締約國也可能基於國際習慣或者本身的利益考量而採取相同的措施，例如印度並非締約國，但根據世界銀行在二〇二二年發布的統計數據其境內大約有兩千四百萬難民。相對的，英國作為《難民公約》的締約國，保守黨的政策在二〇二三年轉向試圖與非洲政治經濟較穩定的國家聯手，將大量跨越英吉利海峽尋求庇護的難民轉送到盧安達或者海輪上安置，澳洲也曾經與鄰近的諾魯簽訂合約轉送難民，以規避不遣返原則。當代難民遭受的迫害原因不再單一地指向國際大戰，衰退經濟加上民粹政治趨勢在處理安置難民的大量資源花費上也陷入消極停滯。難民的面貌究竟是什麼呢？除卻逃亡的原因和尋求保護的目的，他們在選擇離開與受庇護求生這當中漫長的歲月，有過哪些考慮與經驗呢？

相較於世界上其他的難民群體，西藏人是一個特殊的個案。這個群體以印度為主要的遷入地，其主要包括以下幾種：（一）以學校為目的地移出的西藏孩童與青少年。（二）因為宗教因素追隨領袖流亡的朝聖者。（三）出生與居住在安置屯墾區[1]後以難民認同生活的無國籍人。這本書主要描寫的就是這三群人，他們並非完全不重疊的類型，如同生命延展的方式，他們可能從一種樣態流進另一種樣態，再長出新的生存的方法。一次世界大戰之後國界變動劇烈，一九二二年出現了世界上第一份無國籍人所使用的護照，又稱為南森護照（Nansen passport），這份文件如果到今天還存在並廣被承認，藏人群體很可能就非常符合資格。然而無國籍的灰色地帶並不被廣為接受，在流動性和平等權利上都受限制，因此難民必須務實地考慮取得國籍，或者選擇放棄。在此想要提醒讀者，當我們提到難民的時候，還需要考慮難民可能是作為一種身分認同，而不是法律地位。在藏人的例子當中，自稱為難民的精神意義與法律身分有時重合有時分開，屬於哪個國家已認定的難民又會影響到主體的現實處境與心理狀態。

難民韌性

韌性的一般定義是遇著困頓挫折與磨難仍不倒的特質，它是近年來多災難、傳染病與戰爭危急情況下受關注的課題。在遷移與難民研究當中，為了輔助社會工作與理解現象，探討移民難民本身心理韌性的研究相當多。特別是未成年人經歷過逃難過程或者來自特殊文化的移民在適應新環境的過程中，可能遭遇更多傷害、轉而傷人（引發犯罪）或者發生自殺事件，能夠遠離前三者不幸的結果繼續活下去的，被稱之為韌性。以兒童和青少年來說，個人能夠自主繼續生活、參與

1　這裡指的是南亞數國政府為西藏難民建立的定居屯墾區（rehabilitation resettlement camps，或簡稱 Tibetan camps），我會在後面的章節詳細介紹。

在新環境中、繼續學校的學習表現，以及能接收到周圍家人朋友學校與社福機構的支持[2]，就可被視為是具有韌性。更進一步，個人產生歸屬感，與社群還有家的文化產生聯繫[3]，就更能強化受難後復員的集體韌性。從前述這些研究我們可以發現到，其實難民和移民群體與一般人的需要並沒有很大的差異，但是可能由於遷移經驗以及處理經驗與意義的文化方法的不同，不同的認知衝突可能反應在適應成功與否或者處理移民吸納／整合的行政目標上。我在這本書當中想提出的第一個論點，是專注在以人為主體這個方法無法進一步去覺察存在於移民／難民群體本身與其對外的眾多複雜社會連帶，以及是哪些必要的物質基礎，交互作用（intersect）提供關係建構與動力，來讓韌性強化與存續[4]。許多研究難民與移民的學者也提到，擺脫西方文化凝視難民將其視為受害者的濾鏡[5]，有助於對難民韌性的理解與實務規劃。

「我們回去吧」（Let's go back）和「我們回家」（Let's go home）在難民得到庇護、被政府提供資源開始復員、甚至考慮定居的過程中，日常生活的語言都具有雙重的意義。暫時求取安穩的異國，是什麼時候有一個屬於自己的「家」呢？因為逃亡和申請庇護發展出導航與協商能力的難民，他們所定義的家包含多大的範疇呢？另一方面，對於長期處在流亡狀態的社群已經延續了好幾個世代，所謂的「回去」是真的能回到經典與記憶當中承重的原初故鄉與情懷嗎？或者只是另一個定居屯墾據點的發展與擴張，甚至是歷史衝突的延續？這些假設性的沉重議題，是作為難民身分必然存在的一部分哲學思辨。

離散與流動性

藏人社群從離開西藏之後在印度和尼泊爾建立長期居留據點，當中也有不少人已經取得當地國籍成為該國國民。從一九六〇年代開始，當時稱為西藏流亡政府的組織和西方國家政府合作人道計畫，完成了多次從印度居留據點再度移入西方國家例如瑞士、美國、加拿大等國家。一九八〇到一九九〇年代是從東方到歐美與西亞移工遷移的大潮，許多藏人也搭上仲介與運輸的便車去了義大利、加拿大等地。近十年則是以難民政策選擇性寬鬆的法國成為藏人移出的熱門目的地。如今在這些地方都有小西藏，寺院、餐廳、社區，藏人比起其他亞洲移民多了一層宗教自由和政治自由被剝奪的傷痕，他們在海外更加有意識地保存和傳承這些文化。達賴喇嘛所在的印度成為

2 Sleijpen, M., Mooren, T., Kleber, R. J., & Boeije, H. R. (2017). *Lives on hold: A qualitative study of young refugees' resilience strategies. Childhood, 24*(3), 348-365.

3 Pieloch, K. A., McCullough, M. B., & Marks, A. K. (2016). *Resilience of children with refugee statuses: A research review. Canadian Psychology / Psychologie canadienne, 57*(4), 330-339.

4 我認為韌性是人想繼續活下去的本能，也是難民和移民離開原本國家的理由。如果脫離這個假設，那麼取決於主體本身對於情境的解讀，就會離開我能探討的範圍，進入活著的動機這樣的存在論式的問題。

5 Hutchinson, Margaret A. and Pat Dorsett. "What does the literature say about resilience in refugee people? Implications for practice." Journal of Social Inclusion, 3, 55-78.

原鄉之外的西藏信仰中心，每年從海外來參加夏令營體驗西藏傳統的青少年和孩童如今長成了身負多重文化的離散中堅世代。我認為某個層次上，藏人在高原上傳統生計與資源利用的方式和現今高度流動性的人際網絡有幾分相似，不同的是過去的彈性習慣碰上國家治理與人口管控，缺乏本身的國家作為強而有力的代表，「流亡」給了社群自治發展特殊的路徑[6]。我認為藏人在印度的案例提供了移動的人群在政府提供長期定居資源配置下以非公民身分「再定居」（resettle）的視角，並且說明了保持流動性對於難民自力發展的重要性，這是我的第二個論點。

在探討藏人於定居屯墾營區當中的生活時，我將他們視為離散（diaspora）。同時也用了相當的篇幅描寫他們安頓自身、投資社群、創造歸屬和日常生活的經濟政治協商，我寫的時候心裡所想的是遷移的物質性（materiality of migration），還有移動的人如何創造地方（migrant's place making）。藏人這個不受國境限制、去中心化、帶有雜揉與無常特質的國族團體，他們離開定居營區再次往其他國家移動的行為我不認為是「逃亡」，而比較接近一般經濟與感性動機的「追求跟接近自我實現理想的生活」。逃出西藏後返回西藏（不管留下或者又再度離開）我也不認為這算是一種「回歸」，我認為這些再流動，反映了難民的流動性（mobilities）基於一種造家（homing）[7]的動機。造家與流動看似矛盾，實際上是重疊的心理與物質過程，使得軌跡不再是手段和方法[8]，本身即是意義。

我與བོད（以及雪域）的相遇

我和西藏的緣分始於二〇〇四年冬天，我在誠品書店曬書節買了一本《藏地牛皮書》，埋下了前往高原的種子。那裡看起來和臺灣完全不同，崖上覆雪、湖光山色絕然寂靜，看似杳無人跡。隔年初夏時在報紙上看到剛剛起步的旅遊業電商推出到香港的特價機票。我和旅伴決定利用暑假一邊賺錢、一邊旅行，採購了背包等必要裝備，第一次以背包客身分經由香港去中國旅行。

我們從香港坐火車進到廣州，接著搭長途火車去成都。中國稱自助旅行者為驢，意能吃苦。在四川背包旅行者的據點，我們和另外五位也要走川藏南線上拉薩的年輕中國朋友們一拍即合，決定結伴同行。我們一起在新都橋草原上曬乾洗好的衣服、在理塘一起上高海拔、在巴塘跟著擔心女友要到都市賣身的小夥司機深夜飆車、在波密追隨前方的陌生人翻過坍方爬到彼岸、在墨竹

---

6 McConnell, Fiona (2009). "Democracy-in-Exile: The 'Uniqueness' and Limitations of Exile Tibetan Democracy." *Sociological Bulletin*, vol. 58, no. 1, pp. 115-44.

7 Paolo Boccagni (2022). Homing: a category for research on space appropriation and 'home-oriented' mobilities, *Mobilities, 17*: 4, 585-601

8 參見人類學者用遺產和考古來看待被迫移民與難民的生活經驗McGuire, Randall H. (2020). "The Materiality and Heritage of Contemporary Forced Migration." *Annual Review of Anthropology 49*: 175-191.

工卡縣傻傻地跟人跑上去天葬台觸犯禁忌、在八一鎮爬上卡車走過最後一程，接著在拉薩遇見了做買賣的康巴家庭，和他們成為朋友，住進他們家裡。

那是一個網路不發達，未能夠將遠方風景帶到眼前體驗的時代，二十出頭的我第一次見到與島嶼完全不同的高原。驢友們說，在人煙稀少的山路上我會欣喜地向每個從大巴車窗上看見的人們微笑揮手，而人們居然也會對著我微笑揮手。我的確有一點傻又討人喜歡的氣質：窗外下雪，客車司機看我冷，願意讓我坐在發動機蓋上，驚魂甫定在小吃店點泡麵時會有親切的陌生乘客把小菜分給我。那是中國改革開放劇烈競爭後的二十年，山裡山外來去著大量的農民工，或許每個人都下意識地將年輕的旅客看作是自己出外工作的家人了吧。

當時帶回的藏式衣箱仍在房間裡當作儲藏櫃，我的想法和心態已然改變許多。

小時候，出生在中國、因貧窮跟隨父母搭船到臺灣求生的爺爺曾經傷心地告誡我不要相信留在中國的親戚，貧窮和政治變革已經改變了他們對關係的心態。同系卻已不是一家並不難理解，勉強融合沒有意義。不過在實際旅行接觸中，我在中國的體驗和在學時課本或媒體渲染的說法也有很大的不同。政治制度和社會人情是兩種溫度，政治制度如何影響人情也讓未曾經驗過白色恐怖時代的我，初次體會到歷史的空白和陰影。

中國城市中逐漸累積財富的景象或許緩緩改變了經濟緊張的氣氛吧？加上西南中國本來就是多種族多文化的地區，與東南亞緊密相連，在旅客眼中相對比較悠閒開放。這趟旅程也是我們走入「邊陲」的共同初體驗。在臺北長大未曾接觸過原住民文化的我，透過旅行認識了一個核心邊陲架構明確的國家，並且在快速發展經濟的背景下不預期地遇見了許多做為「少數族群」游移在想像與現實、隨波逐流和自我實現的年輕心靈。

藏地希望做回自己的文化傳統的呼聲持續不斷，從丹巴入藏一路到那曲，漢藏兩種文化的衝突和政治壓迫便是無言的背景音。在歷史悠久的拉薩古都待得更久之後，埋在城市各個角落關於過往衝突的歷史化成破碎的生命故事由真人講述，共產黨的治理技術在臺灣人眼中瞬間變得十分具有威脅性，與人情無關，那條「我們不是一路人」的界線更加明確。政治立場之外，人道精神中普遍的理解和同情是不受國族建構影響的。

我對西藏，或者圖博，與藏人的興趣自那之後便持續發展，一直到我二〇一〇年年申請上教育部交換學生的獎學金到印度去了一年。讀完我在二〇〇五、二〇〇六年從中國帶回的藏學出版著作之後，我在二〇〇八年到二〇〇九年開始系統性地收集、閱讀跟西藏有關的二手研究文獻，其後近代史、國際關係甚至環境治理的現代學術研究著作不斷出版，西藏不再是神祕的香格里拉。參照西藏與臺灣在中華人民共和國成立後的政府流亡經驗與地方發展軌跡，我對於藏人在印度受到的抗暴英雄待遇、長期扶助且可歸化的難民地位、難民社群如何立足開枝散葉的過程特別感興趣。

在這些消音了個人獨特性與自由思考空間的翻湧政治聲浪旁待的時間長了，對於只能接受單一敘事的體制會特別同情。但也因為這些人放下隔閡打開門邀請我進入，我開始收起對於意識形態教育批判的執著，想更深入去思考人的行為與選擇內在更深層的原因。這本書所使用的研究資料從二〇一〇年到二〇二〇年，其中二〇一三年至二〇一六年系統性在定居屯墾營區集中家訪。與我接觸過的藏人都清楚我的研究者身分，在互動訪談的過程中知情同意我寫出他們的故事。所有出現過的人名，除了五位出生在印度定居營區的流亡藏人我寫出她們的真名外，其餘人物皆經過匿名與改造其相關經歷以掩飾他們的真實身分，這麼做是為了保護受訪與參與者的利益。我以流亡教育為題的社會學碩士論文在畢業當年即全文公開，紙本原始資料我保存了十年之後，為保護學生隱私已完全銷毀[9]。這份研究雖然時間拉得很長，探討的內容也類似縱向研究（longitudinal study）的關懷，但並不算是符合科學精神的研究設計，拉長時間慢慢觀察比較偏向我個人直覺對於情況性質所做的判斷。因此，我所做的行為解釋與現象詮釋也應該被視為研究者當下、或者產生不同心境思考與閱讀過不同主題文獻之後，在一個長期間內觀點發生過改變而產生的結果。

基於中華民國憲法定義疆域的尷尬性，國族和國族之間無法有反映真實情況的關係建構。經歷過眾多政治磨難的藏人社群於臺灣而言像是一個身世悲傷程度相近的朋友，因此能看出對方的傷痕；在人權漂亮的框架下受到國際社會選擇性忽略的待遇也偶爾可以聲氣相通。對於某些國家來說想要按照既有的原則獲得平等的待遇是無盡的協商。儘管如此，臺灣人與藏人面對的問題並不相同（至少臺灣人腳下的土地屬於自己），經驗也是難以投射的。

在理想的狀態下，個人「應該屬於」的國家以及「自己是誰」，總歸必須是自己的選擇。個人與國家的關係無法透過征服另一個國家來給予意義。失去的土地無法取回，領域的劃界已有了不同想像。「知道自己是誰」或者讓人心重新肯認希望與韌性，或者看著那個火焰，旋轉自己的身體來緩慢地辨清光影，決定好下一步吧。

起風吧，也颳起塵土，讓火焰燃燒照亮或者熄滅停止煎熬。

國家仍在懸宕狀態，流亡者建立的家安頓了飽經傷痛的身心與努力不懈的疲倦。稍稍遠離探討流亡西藏最常談的國與國際問題，細觀難民安頓的策略與付出。將煩惱放進朵瑪裡釋放，把希望送進往天上飄散的煙，沒有安適與安頓，便沒有心力在明晨起身。但願已變成大人的孩子們與未來的孩子們會覺得這本書對他們來說有些用處。

9　我所引用的日記與訪談原始撰寫人現今均已成年，願他們都平安。

第一章

遷移者與他們的家當

1-1 血緣與純正性

開始旅行的時候，第一個帶的行李是自己。

匆促中逃亡，或者並不確定要離開多久，自己就是最重要的資源與工具。

誰是「西藏人」（Tibetan）這一題有很多回答方式。首先在中文語境中有西藏人跟圖博人兩種說法，在英文當中就用Tibet來說明。西藏這個語詞有中國中心思考的疑慮，因此使用圖博似乎是最尊重人群的名稱，但藏語稱呼原本只有一個音節，由圖博變化的博巴（བོད་པ་ Bodpa）則最接近標準藏語發音。這些轉折對於同時能夠說標準藏語、英語和漢語的人群才有意義。我的經驗是，日常交流對話當中會說漢語的藏人會使用西藏這個詞，用西藏來出版的網站、圖書和小冊子也遠遠多過圖博，本書就用西藏來稱呼這個地方、藏人來稱呼這群人。

身分認同有內生跟外生，內生是自我認同，外生是外界怎麼標記與定義。在國家實施戶籍登記與核發身分與旅行證件之前，人口流動從未停止；在國界劃出並且實施邊界管控之後，旅行變得困難了一些，但也並未終止人群跨境移居、組成家庭，甚至有了第二代。今日我們很容易遇到一個年輕人，出生在美國能說流利的英語和西班牙語，她的自我認同是藏人因為她的母親來自從衛藏[1]出逃流亡的血緣，她的父親則是來自瑞典移民血緣的美國人。或者我們可能會在Instagram上追蹤一位業餘兼職的饒舌歌手與DJ，出生在四川成長於瑞士，在印度與英國留學，有著較白的膚色和深咖啡色的頭髮，他的音樂是藏語、瑞士法語和英語混和的歌詞。我們也可能在澳洲遇到一些學問深厚的藏語老師，他們曾居住過中國，人生有十多年以難民的身分勉強度日，旁人經常從長相和身材誤以為他來自中國或東南亞。又或者在臺灣繁忙的火車站與身著袈裟的出家人錯身，他們可能是從臺灣出發在印度的藏傳佛教寺院求學二十多年，日常生活都使用藏語、英語和印度當地語言；他們也可能來自拉薩周圍因為一些因緣後來到臺灣待了二十多年，能說流利的漢語也甚至學會了幾個台語字詞。全球化文化混雜和移動融通的創造的身分已經無法用單一框架來表示，西藏人可能是個人多重身分中的一部分。

關於種族的純正性在九〇年代中期是一個研究熱點。過度重視單一身分也有種族歧視的疑慮，特別是它為生而混雜美麗的新世代塑造了一個「必須做出選擇」的壓力。因此我想在一開始

1　衛藏是「衛」和「藏」兩個地區的合稱，是西藏文化的中心地域。今日的西藏自治區包含了衛藏和康區的西部。

就說明，身分取決於個人的選擇，可能是被放大的部分，也可能是被縮小或者隱蔽的部分，而每一個策略都有理由，正如這一刻的選擇可能在下一刻變化，取決於在什麼樣的環境和應對什麼樣的人。

和西藏人談西藏身分

來自單一種族國家的人群恐怕比較難理解的是，如何判斷移民歷史造成眼前這個人看起來的樣子和這個人的身分文件證明、慣用的語言與氣質、還有對於特定文化脈絡的熟悉性並不相符的情況。我在十多年前進入藏區接觸藏人時所使用的視角也是單一化的印象。旅遊書上選擇的照片和在真實生活中見到的人、在民族藝文場合展演身分的人，與特意標誌出自己已經跟傳統脫鉤的人當然會有巨大的不同。我的腦袋裡還停留著藏語是一種標準的語言就像國語或普通話的時候，耳朵已經充滿各地不同的腔調、說法，而它們當然都是藏語。就像你問二戰前後出生現居臺灣的人口關於「臺灣和臺灣人」的身世，你會得到許多種不同的敘事，如何定義西藏的範圍和西藏人因人而異。對我來說，我的研究對象認定的真實就是真實，因為我的任務是去了解他們所認知的經驗和詮釋。地圖疆界界定的責任是國家，我的研究對象是人與環境。

當我們與藏人聊到西藏的身世，今日很少有人（除非是研究相關文史的學者）會提到松贊干布建立帝國之前的古代歷史。這種集中式的思考方式和中世紀遊牧民族部落社會逐漸變成國家治理型態有很大的關聯，另一個原因可能是西藏各地在中國共產黨統治前並沒有一個統一的教育體系和敘事版本[2]。對於遊牧民族來說，家庭是最重要的生產和生活單位，部落是保護確認領地範圍的最重要身分，陌生人碰面時先自報家門、說出族系並找尋彼此之間的關聯是非常基本的禮儀和自保方式。

與流亡藏人或者海外藏人談血緣則有另一層意義，是為了要記得家族從哪裡離開以及為何要離開。據說這是西藏歷史上第一次人口大量逃難與遷徙[3]。於是我們的故事就從那時開始。這段歷史目前已經有不少著作探討[4]，在這裡為了要說明我的立場，因此簡單描述一下我所認知的部分。

---

2 關於西藏歷史的著作其實非常多，在這裡舉一些西方學者撰寫作品，像是山姆・範・沙克（Sam Van Schaik）於二〇一一出版的 *Tibet: A History*，華倫・W・史密斯（Warren W. Smith）於一九七七出版 *Tibetan Nation: A History Of Tibetan Nationalism And Sino-Tibetan Relations*。而關於西藏在西方人眼中的東方主義化，最著名的作品是二〇〇五年喬治・屈里弗斯（Georges Dreyfus）的 *Are We Prisoners of Shangrila? Orientalism, Nationalism, and the Study of Tibet*。

3 跋熱・達瓦才仁、雪域智庫，《魂牽雪域半世紀：圖說西藏流亡史》，台北：雪域出版社，二〇一一。

4 例如歷史學者茨仁夏加使用中英藏文材料書寫的《龍在雪域：一九四七年後的西藏》，或者林孝庭主要詮釋臺灣已公開的中文史料所著的《西藏問題：民國政府的邊疆與民族政治（一九二八—一九四九）》，除此之外讀者可從這兩本著作的參考資料搜尋更早期西方的藏學家研究。

喇嘛指的是藏傳佛教的男性出家修行者，並不是一個名字。藏傳佛教有許多宗派，每個宗派重要的領導人通常是轉世活佛（又稱仁波切）。所謂活佛的意思就是他們被認為是神以人的樣子存在於人世，轉世的方式有完全與生殖脫鉤的活佛相互認定，也有血緣基礎父傳子的形式，每個教派有不同的傳統。十七世紀初，領導藏傳佛教格魯派的第五世轉世活佛在當時的政治情勢下獲得強大的蒙古帝國可汗支持成為統治整個西藏的法王，喇嘛名稱前冠上達賴，這是達賴喇嘛這個稱號或者角色的由來。達賴喇嘛指的是至高無上的智慧，五世達賴喇嘛及其之後的轉世者遂成為西藏的統治者，直到第十三世及第十四世轉世為止。

藏人流亡的前奏

除了重要的宗教與政治領袖，一般人的生命歷程在自媒體不發達的時代是缺乏資料累積的，所以在這裡用重要的宗教領袖人生歷程為例子來說明藏人流亡的背景因素。這也是因為這兩任達賴喇嘛領導人以及他們的幕僚助手在當時所做的許多決定，影響了後來西藏的政治地位。第十三世與第十四世達賴喇嘛生活在政治風雲變色的十九世紀中後和二十世紀初。英國和當時的沙俄在中亞競逐勢力，被當時的小說家吉卜林（**Rudyard Kipling**）在小說《基姆》（*Kim*）中以大博奕（The Great Game）一詞來代稱充滿間諜與商旅的文化和政治利益碰撞時代，一八七〇年後英俄進入今天的西藏和新疆地區。

第十三世達賴喇嘛開始主要面臨的課題是戰爭。英國將領榮鵬赫（Younghusband）帶領自克什米爾和尼泊爾印度交界山區的廓爾克部隊從隆吐山推進至江孜要求西藏帝國履行通商和邊界協定，接著在一九一〇年清軍占領拉薩，從一九〇四年左右到一九一一年，年輕的十三世達賴喇嘛待過外蒙古、五台山和北京，於一九一三年五月發表獨立宣言。在這份宣言中，達賴喇嘛明確地指出，西藏是一個宗教信仰虔誠、獨立的小國（a small, religious and independent nation），為了生存於世，我們必須挺身保護我們的國家（defend our country）。在這份後來被爭取西藏獨立運動（Rangzen）廣泛引用的政治文件中，他將中國與西藏的關係表述為信徒與上師（patron and priest）的關係，而非一方對另一方的臣服（subordination），並以西藏傳統的隱喻書寫方式表達在此關係下中國意欲對西藏展開的殖民行為，就像天空中的彩虹。目前被西藏獨立運動組織當作是獨立國家證明的西藏貨幣也是在此一時期發行，僅出現於城市及藏區境內的貿易活動，國家稅收仍然以實物和勞役（烏拉）為主。

第十三世達賴喇嘛只活不到六十年就去世了，他過世後到轉世被發現前的這段空窗期、以及轉世後的達賴喇嘛成年懂事前這段轉接期，國家政治依照傳統由攝政王（通常也是高級僧侶）處理。在一次到二次世界大戰期間這個高原上的國家領地不斷萎縮，過去能夠徵收稅金的附屬小國已經成為其他擴張大國的附屬或者自行獨立。一九一三年到一九四九年之間，西藏人與中國軍隊在康[5]的衝突從未停止，在一九四〇到一九四一年安多地區的邊界受到中國軍閥入侵動搖前，一些高官貴族與大商賈已開始將財產與家族成員移動到仍在英國殖民下的印度大吉嶺，政治情勢使得統治集團內部開始分裂成不同的利益團體。

移動尋找出路

一九四〇年代的中國內陸同時進行抗日戰爭與國共戰爭，有許多因戰亂而遷居的漢族人進入安多[6]與康地區謀生。一九四九年中國共產黨宣布建立中華人民共和國，將西藏視為最後需要解放的國土。同一年人民解放軍武力入侵西藏，在那之前宣傳共產思想的文工團早已穿越傳統邊境。一九五〇年兩軍在昌都首次交戰，缺乏現代化武器與軍事訓練的西藏駐軍無力抵抗，首都拉薩養尊處優的噶廈[7]官員未能看清危機已經來臨，共軍迅速進逼拉薩。同年，西藏向聯合國遞交緊急請願書，在全世界關注韓戰的背景下，此案在聯合國一再擱置，最終成為地緣政治的犧牲品。冷戰背景下，英國不願直接越過印度插手西藏事務，美國雖曾私下提供武器並且替駐守在尼泊爾邊境的四水六崗[8]民間反抗軍提供軍事訓練，也不願直接與中國為敵。西藏和中共進行談判並在一九五一年簽署了《十七條協議》[9]，在內政完全自治的條件下承認西藏做為中國的一部分。解放軍迅速推進戰線，直到一九五一年，帶著「和平解放」與「驅逐帝國勢力」的口號進駐拉薩。西藏成為中國的一部分，達賴喇嘛詮釋中的「大西藏」被劃歸到中國的四川省、青海省、甘肅省、雲南省與西藏自治區五個行政區，接受中國共產黨與新成立的地方政府管轄並著手實現共產黨所謂的政治改造革命。

第十四世達賴喇嘛此時的人類年紀是青少年，這個被從家人身邊帶走、在寺院被僧侶養大的尊貴活佛，與比他年紀稍長的班禪喇嘛為當時西藏宗教和名義上最受尊重的政治領袖。在此世作為一名青少年，處在一個科技進步和戰爭不斷的時代，並且仍然在學習佛法等相關基礎知識，協約當中所議定的自治從未實現，他面對的是高度不確定性的現世與未來，以及他的臣民託付生命

5　康（Kham）是大三區當中的另一區，主要包含今日中國的四川與雲南省部分地區。西藏傳統分為安多、康和衛藏，衛藏處於正中包含南方也是首都政府所在地。三區各有通行的藏語方言、生計與文化飲食習慣等差異，為三大主流文化群。

6　安多（Amdo）是傳統西藏大三區當中的一區，主要在西藏東部與漢、滿清帝國及西北回族交界的區域，粗略地包括北從今日中國青海省至四川省北部的部分地區。

7　政教合一帝國的行政與治理中樞機構。

8　四水六崗是統括西藏民兵團的稱呼，象徵從西藏領域的四方團結而起的民間武裝力量。

9　《十七條協議》於一九五一年五月二十三日簽署，被中國視為中國共產黨「解放」西藏拯救封建奴隸的起點。第十四世達賴喇嘛流亡印度後於一九五九年六月二十日發表聲明指出該《協議》實非協議、為受迫所簽。兩者認知與主張不同，該協議遂成國際政治常見的主權界定爭議文件。

重量的期待。

政府的正式軍隊很糟糕，傳統上位階高的貴族與官員都無法處理危機，地方發展的自衛軍事力量開始擴張。西藏民間軍隊從康開始集結，接著安多地區的牧民也響應號召，最初的成員是地方上的馬幫[10]，他們出征行動目的宣稱是保護佛法，其背後用意也是保護最重要的僧侶即達賴喇嘛本人。在兩位年輕的仁波切前往北京與毛澤東碰面試圖以外交手段解決緊張情勢時，民間軍隊已經從四〇年代中期開始長期抵抗自國境侵略的中國軍隊，隊伍的聲勢越來越大，與中國軍隊交戰十多場，當這支民間軍隊於一九五〇年代初進入衛藏時，受到英雄式的歡迎。四水六崗開始在拉薩周圍徵兵，一個家庭若有一名父親和一位兒子，必須出一個男丁，若有兩位兒子，必須出兩名男丁，以此類推。拉薩的軍事化不只是中共不斷增兵削減人民與領袖的自由，也發生在民兵軍團的人數迅速增加，連寺院中出家修行的僧人也加入救國戰爭。

寺院長期以來擁有大量土地與人力又有宗教號召力，傳統上是政府收稅的主要合作對象。西藏幅員廣大，又有地形區隔，地方上勢力最大的便是該地的仁波切。這樣的組織便是改革政治經濟制度的共產黨第一個要處理的對象，處理寺院也可以削弱達賴喇嘛和西藏政府的影響力。中國共產黨以解放奴隸、民主改革等為口號，一九五六年成立西藏自治區籌委會，開始在各地重新丈量土地與清點寺院財務，大量選送貴族與大商賈的孩子到陝西省的黨校接受教育，培訓為中共治藏的菁英幹部[11]。這樣挑戰傳統秩序的行為很快便被認定為是破壞寺院，遭到起義反抗，暴力衝突的結果使得來自各地鄉間的難民從安多與康不斷湧向西藏中部。城市的負荷提高，當共產黨試探達賴喇嘛的權威甚至威脅其生命安全時，達賴喇嘛也無法控制拉薩城市內藏人與紅軍軍隊的衝突。一九五六年成立的「雪域護教志願軍」與一九五七年成立的「四水六崗衛教志願軍」扮演抵抗運動的要角。一九五八年戰事開始在拉薩劇烈延燒，大量僧人參戰。四水六崗和解放軍在拉薩又進行了三場戰役，最後不得不退守山南。我在印度達蘭薩拉訪談了兩位曾參與戰役的老人，其中一位回憶當時的情況：

中共軍隊占滿了拉薩，駐紮在羅布林卡，四水六崗和共軍的戰爭還在繼續，噶廈將英國撤退前存放在政府倉庫內的槍枝發給各個寺院，但每個寺院都只有幾支槍，也只剩一門大砲，如何能稱得上保護？共軍強迫所有喇嘛離開寺院，因為在數量上僧人成為當時反共的主

10　所謂的馬幫指的是利用馬隊經營運輸與貿易的商人。

11　這些菁英幹部，以及從二十世紀初活躍的西藏共產黨分子以及在「西藏解放」前後加入共產黨所組織的軍隊以及政府機構，包括後來進入國營企業任職的藏人城市居民，結合援藏幹部以及一些中國藏學研究者，共同構成王力雄（一九九九）所稱西藏今日的「穩定集團」，在政治意識形態上服膺中共政府、負責治理西藏自治區的任務，或者至少不反對中共中央治理藏區的經濟現代化政策方針，夾在廣大群眾與中央之間進行尋租行為，獨佔的利基即來自本身的民族身分與所受的黨國漢化教育。

力，我從哲蚌寺的後山溜出來，那時志願加入四水六崗的人已經非常非常多，新加入者沒有武器。達賴喇嘛那時也住在羅布林卡，由西藏政府的軍隊保護，林卡布滿了共軍，人們從各家各戶出來聚集在街道上，白天在那兒，夜晚也睡在那兒，想保護達賴。

逃亡和取得庇護

這個所有西藏人拚命保護的寶貝，當時還在學習成長為一名流亡社群的領導人。第十四世達賴喇嘛在一九五九年春天取得佛教博士學位，得以正式即位。同年夏天，他意識到自己可能遭受到生命威脅，接受周圍人的建議逃到印度。留在西藏境內的第十世班禪喇嘛則遞補達賴喇嘛的位子，成為西藏自治區籌備委員會的主任委員，這個委員會在一九六五年西藏自治區成立後正式終止，班禪喇嘛和他後來的轉世都過得非常辛苦。中共宣稱達賴喇嘛是受到挾持出走，並且將印度列入共犯之列。達賴喇嘛則於流亡落腳後發表聲明，反駁中共的指控，並指稱中共干涉西藏的內政已經違反了《十七條協議》，協議因此失效。雖然人類年紀無法衡量仁波切的智慧，而且他身邊總是包圍著各種忠誠輔佐的學者，從人道角度來看這個年輕人在當時已然經歷太多。

達賴喇嘛離開西藏帶走了許多人留在故鄉的希望。試想藏漢暴力衝突已經經歷了二十多年，共產主義並未真正帶來均富的希望，湧進來的共產黨軍隊有不少是經歷過長期內戰連軍餉都不足

當年四水六崗的戰士流亡後多半繼續從軍、藏人軍士退役後組織了互助會，四水六崗經營一些商號以維持組織經濟來源

的人，西藏種族身分又被認定為是缺乏文明教化，如果領導人能夠在鄰國取得短暫的休養，自己為何不能跟進呢？一九六〇年代初期，約有一萬三千名西藏人追隨達賴喇嘛的腳步翻越喜馬拉雅山，遷居尼泊爾與印度，緊接著第二波約有六萬名西藏人在其後一兩年間，逃亡至印度、尼泊爾、不丹、錫金等地尋求政治庇護，這些國家與聯合國難民署將這段時間跨越邊境的流亡藏人視為「政治難民」提供人道援助。達賴喇嘛在此時多了一個政治難民的身分，印度給予這一波藏人和印巴分裂時跨境而來的巴基斯坦移民相同的「自由鬥士」（freedom fighter）身分，賦予法律上人權與物

權的便利。這時那些一九四〇年代左右已經在屬於印度的喜馬拉雅山區落腳的藏人則已經在一九四七年印度獨立後陸續取得印度的國民身分。

一九五九年第十四世達賴喇嘛請求當時的印度總理尼赫魯協助藏人在印度建立起直到他們能夠重返西藏前的定居營區（settlements for rehabilitation）[12]，各邦政府劃出閒置的荒地及殖民時代的空屋供西藏難民居用，第一個定居營區拜拉庫比（Bylakuppe）建立於南印卡納塔卡邦（Karnataka）。這些定居營區是以難民復原休養生息的目的而存在，其中三十九個位於印度，十二個在尼泊爾，七個在不丹。在經濟方面，印度北邊的定居營區靠手工業與商業經濟維生，南邊的定居營區則以農業為主。不論是哪個定居營區的流亡藏人多半都會從事季節性的毛衣貿易做為家戶重要的現金收入。根據最近一次人口普查結果，居住在印度定居營區的流亡藏人人口總計約有九萬人，並且以每年三千至四千五百人左右的速率增長，這當中包含定居營區內的自然增加人口與新近流亡至印度的移入人口。本書所探討的流亡藏人生活舞台，以及他們在移居西方之前的活動區域就是這些定居營區。

難民潮

根據我在達蘭薩拉訪談當年逃亡至印度的第一代，一九五九與一九六〇的人們逃難僅僅跨越邊境，駐紮在靠近國界的山間暫時觀望，認為自己只會暫時棲身幾年，很快就會回到西藏。然而數年之後，見到西藏情勢沒有轉變，中尼邊境衝突越演越烈，難民們逐漸放棄短期內回到家鄉的希望，才有另一波距離更長離西藏更遠的遷徙行動，加入印度與尼泊爾的流亡藏人集中定居計畫。目前可知的人口統計資料[13]顯示，居住在西藏境外的人口約有十二萬七千九百三十五人，上世紀每年從西藏逃亡至印度的人數在數千到萬人之譜，情況一直持續到二〇〇〇年初期開始對叛逃者開槍、二〇〇八年後中國邊防收緊，每年越境人數開始下滑到個位數。

一九五九年前後至一九六〇年代中期，遷移型態主要分為兩種，一種是藏民有計畫性地舉家隨著宗教領袖遷移，一種是個人隨著難民潮與達賴喇嘛一起倉皇離開生活或放牧的土地。這批人移動的方式不是馬匹就是步行，造成難民大量死亡的原因不是遷移的艱難，而是抵達之後不適應非高原的溼熱氣候，以及缺乏醫療物資與營養補給。一九六〇年代末期到一九七〇年代出於政治迫害決定南遷印度、尼泊爾的人數最多，但由於西藏境內正處於文革時期，人員流動不易，因此遷出的藏人多以居住在邊境線附近的部族聚落為主，一個家族內有兩到三名成員結伴逃亡。一九八〇年代到一九九〇年代逃出相當多的前政治犯，人們失敗了一次之後又繼續嘗試第二次第

12 簡稱 settlement，或者 shijia，性質類似難民營，中文有時譯作屯墾區。

13 理論上每十年會做一次流亡社群人口普查，這個數據推估可能並不準確，最新數據請參考「西藏之頁」。

西藏境內禁止持有與公開達賴喇嘛的相片，但這類型的相片在流亡社群中家家戶戶都有，年紀裝扮姿態各異

三次，靠著雙腳走過喜馬拉雅山口，甚至因為坐牢或者移動留下了長期創傷。抵達印度之後生存的環境也很艱辛，印度和尼泊爾在當時都是相當貧窮的國家，語言不通又缺乏家庭部族支援。一九九〇年代後期，許多年輕藏人為了謀求更好的生存機會而選擇遠走他鄉[14]，這一波新進的人口遷移更像自願移民，且在離開西藏之前就已決定最終目的是瑞士或者美國。二〇〇八年之後以朝聖為名取得正式護照，並搭飛機來到印度的西藏年輕人成為一種新型態的短期移民，他們通常利用達蘭薩拉周圍的非政府組織英文班學習，並且把握簽證時間遍訪寺院。有些人有親戚在寺院修行，也可能選擇印度本地的學校上高中或職業訓練學校，這種數月到兩三年的短期

留學模式並非所有藏區的年輕人都有管道或資本可以實現，要取得護照本身對他們來說就很艱難，大城市生活的藏人寧可選擇到西方留學，具有縣鎮背景的年輕人則是在印度進修藏語系統基礎教育未能包括的英語課程。

根據流亡政府的統計，從一九八〇年代到二〇〇〇年為止，共有四一九八〇人從印度投奔西藏流亡政府，每年有數千到上萬不等，實際的數字當然大於此。以流亡做為遷移的起點，加上國際難民援助工作的推波助瀾，與從未停歇的偷渡打工人流，串起了連續、多點連接遷移潮。在比利時、法國、德國、瑞士、美國等國家，將流亡西藏人視為政治難民，可依法以難民身分入籍成為該國公民。根據二〇〇九年西藏流亡政府所公布的人口普查，在海外流亡西藏社群中，約有百分之七十五的人口再度遷移，百分之五十二的人口為了教育與就業機會永久改變居住地。

14 沒有了達賴喇嘛的西藏，西藏被併入中國的少數民族邊陲，做為北京及東部經濟發展需求號召下被「大開發」的西部客體，其資源成為供應東部工業製造的礦場、發電廠、核廢料垃圾場，或者吸引觀光客的「香格里拉」（關於中國經濟發展、旅遊和形塑遺世桃源的論述可以追溯自提姆·奧克斯（Tim Oakes）在一九九八年的著作 *Tourism and Modernity in China* 及後來的其他人類學者例如阿希爾德·科拉斯（Åshild Kolås）。改革開放後，伴隨著資本從沿海往內陸對口支援，儘管大量民工與開發計畫、建設工程湧進西藏，大多數的投資只集中在西藏自治區境內，城市化的甜頭由援藏幹部與城鎮戶口居民吸收，與大多數農村與邊陲實無甚關聯。這與西藏人口外流的情形也產生關聯，李江琳在《1959：拉薩！——達賴喇嘛如何出走》中解釋藏人為何離開西藏的原因時，認為是資源過度集中在西藏自治區與城市地區，導致流亡出境的藏人人口多數來自安多與康。

海外社群逐漸成形

我有不少藏人朋友成年後投入人權運動，印象最深刻的是，有次在比較世界各地的長期難民居留案例時，其中一個朋友認為藏人和其他群體最明顯的區別就是被容許成立自治組織。這個自治組織不是離散的協會或者同鄉會性質，而是成立了政府、選舉國會，甚至完成了民主化政權轉移。

一九五九年達賴喇嘛逃亡至印度邊境時，當時的印度總理尼赫魯（Jawaharlal Nehru）親自前往迎接。印度政府提供位於喜馬偕爾邦（Himachel Pradesh）的麥羅肯基（McLeod Ganj，又稱上達蘭薩拉〔Upper Dharamshala〕）的一處住宅作為第十四世達賴喇嘛安頓的駐錫地，達賴喇嘛與流亡西藏成為印度國際談判的籌碼，對象先是冷戰時期的美國，現今則是中國。對於西藏難民來說，最重要的信仰中心大昭寺（Tsuklagkhang）重建於上達蘭薩拉是更重要的事，寺院緊鄰達賴喇嘛的住處，成為達蘭薩拉公開集會的場所。第十四世達賴喇嘛在逃亡途中建立了藏人行政中央（Central Tibetan Administration, CTA），主張藏人行政中央是西藏地區統治的唯一合法代表。關於代表西藏的政治爭議也影響了對於純正性的討論，不使用父子血脈傳承的仁波切制度究竟如何認定？有出現一個以上的宣稱時該如何處理？

印度一開始並未承認這個政府組織。一九六〇年到一九六二年中印因為邊界問題在喜馬拉雅山邊境發生衝突，一九六二年中印戰爭爆發，印度戰敗向美國求援，美國提供於科羅拉多州受訓的藏人士兵加入印度空軍，印度對於達賴喇嘛的政策才改弦更張，支持藏人並鼓勵其自立，最終流亡西藏得以在印度正式設立現代化的政府組織藏人行政中央。藏人行政中央所有辦公室位於距離大昭寺約三十分鐘腳程的崗堅吉雄（Gangchen Kgyisong），主要分為最高法院（Supreme Justice Commission）、噶廈（The Kashag/ Cabinet）、及西藏流亡議會（Tibetan Parliament-in-Exile）三部分。噶廈底下設有內政部、教育部、衛生部、宗教部、財稅部、外交部、安全部。由西藏三區民選出來的議會代表於一九六四年制定了《西藏憲法》。要進藏人行政中央工作必須要通過考試和職業訓練，隨著直接從西藏來的人口大量減少，世代交替下目前在藏人行政中央工作的絕大部分是在印度、拉達克、尼泊爾等地出生的年輕世代。二〇〇一年，藏人行政中央舉行第一次議會普選。二〇一一年，舉行西藏歷史上第一次政治領導人普選。二〇一一年底洛桑桑格（Lobsang Sangay）宣誓就任噶廈行政首長噶倫赤巴（Kalön Tripa），第十四世達賴喇嘛宣布其本人及往後轉世將不再兼任政治領袖，自第五世達賴以來七百多年的政教合一制度正式走入歷史。

達賴喇嘛自一九八〇年代開始的全球弘法之旅，為這個社群累積了巨量的文化資本與宣傳效果，近十五年的民主化[15]又為社群打開更多可能性。達賴喇嘛辦公室或者基金會在不同國家運作

15 蘇嘉宏，《流亡中的民主：印度流亡藏人的政治與社會，一九五九—二〇〇四》，台北：水牛出版社，二〇〇五。

的事務脫離了官方色彩、國際援藏組織網絡的全球串聯，替流亡社群提供了實質發展資源，從工作機會到慈善金流。更重要的是跟隨著靈性風潮而對西藏文化感興趣的人越來越多，不管是藏傳佛教的新信徒或者只是想一睹達蘭薩拉「小拉薩」稱號的嬉皮旅客，大量湧進的旅客活化了地方發展並且成為當地重要收入來源。特別是因為達賴喇嘛居住在印度，在印度的流亡社群這種浮動在印度社會與國際連結之間拉扯力量特別明顯。

介在印度的流亡藏人這個介於公民、難民與印度政府眼中的「外國客人」身分建構與協商，學者探討兩個政府之間的矛盾關係，以及公民與難民身分的模糊性，稱其為「國中之國」（a state within a state）[16]。然而十多年過去了，這個國家的性質依舊耐人尋味，卻有更多年輕世代不願意待在印度選擇出走歐洲成為當地的新住民。立足於印度，流亡西藏成為沒有領土的國家（stateless state）[17]，出生於定居營區的藏人新世代所持有的身分在無國籍與印度國籍之間擺盪。本書所探討的人群故事就是來自我在二〇一〇到二〇一六這個轉折時期，於南方定居營區和達蘭薩拉所做的研究，和我二〇一七到二〇二〇搬到英國之後在瑞士和法國遇見的西藏人。

作為一個難民，他們的身分與國家分不開，不管是「因為他國入侵而流離失所」、「受到自己國家政府的非人道迫害」、「一出生就是難民就沒有國籍」，這種難民的身分包含著反覆人與國家關係的思考。

國家（state）就是藏人第二件沉重的行李。

---

16 McConnell, F. (2013). Citizens and Refugees: Constructing and Negotiating Tibetan Identities in Exile. *Annals of the Association of American Geographers 103*, 967-983.

17 這種國土外的國家發展受到不同外部力量的牽制，像是迪比耶什·阿南德（Dibyesh Anand）認為是西藏地區內的中國威權政體國家機器，結合訊息管控與審查制度，確保西藏民族主義在離散群體中的發展。Anand, D. (2000). (Re) imagining nationalism: Identity and representation in the Tibetan diaspora of South Asia1. *Contemporary South Asia 9*, 271-287.

1-2 親屬與跨國家庭

所謂的逃亡是什麼樣的過程呢？逃亡的過程中可以跟家人聯繫嗎？抵達印度之後如何繼續生活？離開西藏落腳印度之後，在印度組建家庭養育下一代又是什麼樣的經驗？

失落是難民身分的核心

每個人的一生中都至少有一段冒險經歷可以訴說，有時訴說這些經歷並非美好的經驗。與難民接觸的過程中對於詢問遷移過程我通常會有所遲疑，因為獲得庇護的判斷標準有時很難認定，遷移的方式未必完全合法，多半會在灰色地帶徘徊，為了避免與我接觸過的人惹上麻煩，通常不會詢問這方面的經驗。我所知的並不完整，但拼湊幾個不同認識的人們主動分享的內容塑造成一個虛構的角色，或許能夠說出一個大概的故事。

藏傳佛教祭儀樂舞羌姆中護法神震攝四方全境平安

慈林（Tsering）來自西藏東部牧區，他有四位兄弟和一名姊妹，離家十年回想起家鄉總是那幅美好風景，村莊周圍翠綠一片，夏季時山上開滿花朵。當父親夏季上山放牧時，他便和母親待在一起。離家五六年後他就已經完全不記得母親、或自己曾經在田裡幹活，甚至田裡種什麼作物，只記得田地很小，所種的作物不足一家人一年所需的糧食。小時候的慈林非常頑皮，打架抽菸逃學樣樣都來，「就像一般的牧區男孩」，他說。

慈林談起過去總是十分隨興，手邊拿起什麼物件若能勾起他的回憶，他便樂意分享。他記得當時覺得瓶裝飲料是非常酷的東西，一拿到零用錢總是立刻跑去商店買飲料來喝。有天他身體不舒服，家人懷疑是飲料喝太多導致身體出了問題，於是母親請了一位喇嘛到家裡來為他治病，喇嘛念經並舉行儀式之後，他身體上的不適便消除了。他說著這些時看著我，「妳一定不信吧？我原本也是不信的，但那之後我便開始學習誦經了。」這種喇嘛治病的描述我已經聽過很多次了，從眼疾到皮膚問題、還有消化方面的症狀，我聽過的例子都是在喇嘛從事精神治療後就痊癒，沒有痊癒的例子就沒有聽說過了。

在家鄉直到初中三年級，有一天，慈林的母親對他說，已經安排好了讓他到印度去，那裡有達賴喇嘛辦的學校，他在那裡一定能夠過得很好。在此之前，他從未聽說過流亡政府或者學校。「小時候沒有大人對我說過西藏的歷史、被中國占領的事情，還有達賴喇嘛為什麼要逃到印度去？」慈林說。他只覺得自己像是即將要被拋棄了，對於這趟旅程上的危險和之後的生活，何時能夠跟家人再見面，沒有人能夠解答。

母親為他收拾好一個背包，裡頭有兩雙鞋和六雙襪子，隔天清晨他騎著鄰居家的馬到縣裡搭巴士，換了幾輛不同的車，幾天後終於到了拉薩。此時他的心情既孤單又忐忑，雖然知道要去印度，但沒有人告訴他他們將怎麼去。母親安排的嚮導與他在拉薩碰面，將他安排在旅社裡等其他人集合。慈林第一次來到藏人心目中的聖地拉薩非常興奮，他去了布達拉宮、大昭寺等地朝聖。這也是他有生以來第一次來到城市，拉薩街道上的車輛、夜晚的路燈和川流不息的朝聖人潮讓他深深悸動。對於去印度他開始產生希望和美好的幻想，「達賴喇嘛住過的地方如此美好，達賴喇嘛現在所在的印度一定更好。」

兩個星期之後，他終於出發了。從拉薩搭巴士到日喀則，再繼續轉搭巴士一站站到靠近尼泊爾邊界的小縣城。他們一共有六人，其中有四人是和尚，他的年紀是第二小的。一天夜晚，他們跟著嚮導出發，被告知從現在開始到尼泊爾都要靠步行。這一趟步行，一走就是三十四天，每天在入夜之後到黎明之前趕路，白天藏身在森林中休息。一週下來，他們已經十分疲倦，累到只要一停下來就可以躺下入睡。習慣了在山間行走的慈林穿破了一雙鞋和所有的襪子，終於抵達國境線上的山口。不幸的是，軍隊發現了他們的蹤跡，嚮導丟下所有人一溜煙就不見了。慈林和同行的夥伴聽見槍響，開始不顧方向往前奔跑。在跑的過程中他聽見槍聲持續不斷，不敢回頭的他只能往前跑，害怕自己晚一步就會死於槍下。忽然間，慈林聽見身後同伴倒地的聲音，彷彿整個世界只剩下自己的喘息聲，跑的過程中慈林扔掉了背包，所有的糧食與錢都一起拋棄，正在逃命的他無法顧慮這些，他只能一直、一直往前跑。背後的槍聲停了，慈林躲進一個石洞裡。過了一天一夜，沒有見到任何同伴，更找不到嚮導。他決定繼續往前走，尋找食物和水源。此時的我眼神已經充滿情緒，不知道該如何回應的故作輕鬆，面對相信分享這段瀕死經歷會對我有幫助的慈林。

他說，不知道自己是怎麼活下來的。因為肚子實在太餓，他吃了長在水裡的野草，喝泥塘裡的水。他在林中漫無目的地遊蕩，卻沒有放棄求生或走出森林的欲望。幾天後，慈林在森林裡又遭遇了軍隊追擊，那時是夜晚，藏身在大樹盤據的樹根陰影中，軍人們威脅慈林說已經尋獲了他所有的同伴，勸他不要再頑強抵抗，出來投降。過於虛弱的慈林躺在黑暗中屏住呼吸，聽著軍人拿著槍的腳步聲，沒有一絲力氣的他，接著就昏迷了過去。

當他再次醒來的時候，他發現嚮導又出現了，還有幾位倖存的同伴。他那裝著的糧食與錢的背包一直沒有被尋獲。嚮導告知他們距離尼泊爾邊境已經十分接近，因此分了一些同伴背包裡剩下的乾糧，他們睡了整整一天之後再度出發，用三天的時間衝刺走完剩下的路程。抵達尼泊爾邊境時大家都已奄奄一息，有一戶尼泊爾人家收留了他們，給了他們一些食物，嚮導付給尼泊爾人一些錢，他們在那戶人家過夜之後便再度動身往首都前進。

隔天一早，流亡政府的車子在通往首都的大馬路上發現了他們，於是將他們帶進庇護所。慈林在尼泊爾待了二十多天，他發現自己的腳一直很痛，他在藏人行政中央的接待處裡完成身分登記之後便被緊急送到印度。印度醫生在德里的醫院裡解決了他腳疼的問題，切除腳趾壞死的組織之後，他重新學習走路，在新的國度。「我不曾再走那麼艱險的路途」慈林說，在新德里他透過接待處的幫助和母親同鄉的聯絡人通了電話，母親在家鄉付清了帶他出境所要付的剩餘一半款項，通常是來自親族借貸。

慈林的室友秋登（Chetan），目的與慈林相同，由於背景、關係和階級差異，他所經驗的路途卻有天壤之別。秋登有許多親戚在尼泊爾和印度，這些親戚在一九三〇年代便遷移到喜馬拉雅山的另一側，目前已是尼泊爾和印度公民，他們的孩子則很早就以各種方式移民到美國，第三代已經是在美國出生的公民。秋登的父親是縣政府的基層官員，替全家申請了護照和尼泊爾簽證。秋登是坐飛機到尼泊爾的，以觀光的名義慢慢旅行到南部靠近印度的城鎮，然後花了三個晚上偷偷趕路到了國境另一側。「跟他們比起來我真的很輕鬆」，他望著慈林帶著略為愧疚的神色。秋登在出發前已經蒐集了相當充足的訊息，他和一起穿越國境的夥伴一起去了藏人行政中央在新德里的辦公室登記，接著被轉送到印度北部的流亡學校念書。他將自己的年齡減少了兩歲，護照和其他身分證明文件早就已經在尼泊爾時就深深藏起了。

在學校登記入學之後他收到了父母親透過同鄉網絡尋找他的訊息，他很快地報了平安。身在中國的父母透過西聯匯款持續支付他的生活所需，在孤兒院一樣的學校中他是少數能夠每年買新鞋、有手機、畢業之後還能買機車的學生。秋登之所以一直沒有丟掉過他的中國護照，是因為他一直在評估自己應該留在印度或者回到中國發展才能更順遂。他和父母親經常用中國常見的通訊軟體談話，只要不談政治光說家裡的事情就沒問題。秋登從高中畢業後他在印度念了一年大學，便決定處理掉流亡生活使用的身分證明文件，用中國護照購買機票回到故鄉。返鄉後秋登很少提及離開印度的旅途，倒是樂於和其他人分享他在印度上學學到的知識和經驗。在黑暗的山路上持續行走三到四天是跨越高山和國界從西藏到尼泊爾最少的代價，或許有更多人並沒有從那趟旅程中落地，他們的生命直接回到了輪迴。慈林的腳趾、秋登和雙親相處的時間，選擇上路之後無可避免的就是失去。

險峻的高山公路並不是逃亡者的路線，背景中看不見的山徑才是

返回西藏之後又離開的人

如同秋登的故事，逃亡並非一條直線往前不回返的道路，逃避的是一種對未來沒有出路的想像，回返是因為對家人深切的牽掛，再度離家或者是因為無法看見自己在家鄉一起生活的未來。

土登（Thupten）離家時有家人的保護和陪伴，但他所能記得的有限：八歲那年，一天晚上他的父母親帶他穿過幾座山溝抵達一個陌生的地方，那棟土房子裡還有幾名與他年齡相仿的孩童，一行人走了五、六天跨越邊境。沒有父母的陪伴，少年土登在流亡學校中成長，學校的老師和同學就是他的家人。回憶起早年刻苦的學校環境，土登說每個人都很用功念書，高中畢業那一年他和好朋友約定好一起回西藏看望家人，許多和他同齡的人都在二十幾歲時做過這件事。他們花了幾個月的時間蒐集資訊，然後偷偷地步行潛進西藏境內。土登的家在西藏山南，那裡靠近邊界。出發之前他悄悄打了通電話給哥哥，但沒能接通，幸好村裡大家都記得那個離開的孩子，詢問之下也很快地找到地址。土登滿足地回憶，那一年秋天，家人剛好都待在家，放牧的、做生意的都沒有遠遊，因此他有幸見到家中所有的成員親戚。他說自己離開的時候還是個身高不到母親胸口的孩子，回家時已經是一個長了鬍鬚、模樣清瘦的男子。土登默默地在家裡住了兩星期，享足天倫樂，也比較了那些沒有離家的手足後來的成長經歷。當地公安終究察覺到了兩個陌生人進入村子，他成功逃離，但同行的朋友沒有。回到印度之後，他聽說那名朋友被抓，進了監獄。

我問他後來呢，有想過再回去嗎？他說，平安回到印度的那個年輕人之後進了大學，遇到一個姑娘，畢業之後成為教師，結了婚，現在已經有了一個十六歲的女兒。今年已經四十五歲的土登目前在母校任教，在那之後土登再也沒有見過他的家人。經歷過幾乎所有行動不自由的藏人都體會過的生離死別，母親在土登回家的兩年後因病去世，他感覺自己很幸運，能夠在母親離世前見到最後一面，母親快樂的笑容是他一生的回憶。

土登說那一年他曾經考慮過留在家鄉。據他所知，即使被查獲罪也不至死。「但我理解到那裡已經沒有我的位置，我不可能回去放牧牛羊或務農，為了生存，我選擇離開。」土登這樣說的時候，是我們已經認識了好幾個月，我在他的辦公室坐了好幾晌，一邊討論流亡學校教育的優缺點。我把那個微笑著說出這樣沉重理由的土登和那天下午秋季的微風、半開的窗子、簡樸的辦公室、堆積如山的卷宗和舊教科書一起記住了。把土登描述的那個躲在大麥田裡觀察著周遭動向，遲疑著是否要現身，和家人相認的少年記在我腦海裡。那是無成人陪伴的兒童或青少年難民（unaccompanied minor refugee）長大了之後的樣子，經歷過機構式的撫養，自己找到探詢身世的方法，終於在多次遷移後決定自己是誰，要過什麼樣的生活。

同樣的，強巴（Jamphel）也在孤身流亡的過程中不斷嘗試跟家人聯繫，這件事情的難易度取決於通訊系統的發達與否。相較於年輕有手機的秋登，強巴出發的時候比秋登早了六七年，那時行動電話尚未普遍進入牧民的生活。強巴記得嚮導告訴他的訣竅，在登記時將自己的年齡謊報了兩歲，因此他被送到流亡少年學校，有機會接受免費的教育直到大學。抵達尼泊爾後的強巴被周圍的人告知不能與家裡聯繫，當時藏區有一些反抗運動，任何與海外聯繫的紀錄都有可能帶來威脅。事實上，強巴的家裡也沒有裝設電話，當他離開家的時候，母親也沒有手機。在抵達印度的四年後，他終於透過另一位來自同樣地區的藏人那兒得知母親的電話，得以打電話回家向母親報平安。在這四年期間，強巴身無分文，在印度也沒有任何親戚，直到有一年暑假，一位同鄉的朋友告訴他有一位住在印度南部定居營區，曾參加過四水六崗志願護教軍的老兵，似乎認為強巴是他當年留在家鄉的小妹妹的兒子。老人給他寄了一些錢，他生平第一次坐火車來到那個小農村，見到從未蒙面的舅舅。

我難以想像四年和過去的所有社會網絡切斷是什麼感覺，他是怎麼撐過來的。但是當強巴描述自己去坐火車去尋找一個可能是自己親戚的陌生人，我能感覺到那種渴望找回連結的急迫感，對於送錢的那位老人來說，可能也是更深的觸動，因為年輕的強巴告訴他自他一九五九年離開家之後西藏發生了哪些天翻地覆的變化。強巴從高中畢業時已經是到印度的第十一年，最後幾年他每個月固定會打電話給家鄉的母親。強巴用學校的電腦教室申請了QQ帳號，並且認識了一個來自家鄉的藏族女孩談起了網路戀情，這成為二十多歲的他還在高中求學階段的心理慰藉。強巴說，「或許有一天我也會去瑞士，或許有一天我會去美國，或許我能再見到我母親，雖然我明白這只是一個渺茫的希望，但我緊握著。」幾年之後，強巴和移民到挪威的女孩結婚了，在那裡他們受到女孩前政治難民身分的和尚舅舅接濟，慢慢建立了自己的生活。

女性逃亡者所經歷的路途與男性不同。瓊結（Jongei）從小就聽說過一九五九年時有一批西藏人跟隨達賴喇嘛逃到印度，她從小的夢想就是希望能夠在有生之年見到達賴喇嘛，從青少女時期就默默蒐集訊息，計畫著逃亡之旅。瓊結在十七歲那一年沒有告訴任何人，獨自踏上流亡之路。第一次試圖穿越西藏到尼泊爾邊境時她被尼泊爾邊境軍隊發現，被捕後她被遣送回西藏，關進一所大型監獄。瓊結說，那座監獄其實就是一個邊境部隊駐紮的大房間，所有試圖潛逃出境但未能成功的西藏人都被囚禁在那裡，絕大多數為男性牧民，像瓊結這樣受過中學教育的年輕女性很少。大房間沒有門窗和地板，裡頭什麼也沒有，只有角落放了兩個桶子讓犯人大小便，終日瀰漫著排泄物的臭味。白天他們有半小時放風的時間可以離開陰暗寒冷的房間在陽光下活動，監獄不供應伙食，肚子餓的時候必須自己花錢向尼泊爾人購買食物。四十多天的牢獄生涯她都和一名老婦人待在一起，老婦人的心願和她一樣，希望能夠在死前到達賴喇嘛所在的地方朝聖。

沒有任何審判，半年後她從日喀則監獄被釋放，返鄉之後的瓊結並未放棄夢想，兩年後再次逃亡，在冬季雪山裡走了二十八天終於抵達尼泊爾，接著被轉送到印度後住進難民收容所，與其他人一起被安排和達賴喇嘛會面。見到達賴喇嘛的那一刻，瓊結不斷流淚、說不出任何話來，那是她此生最幸福的一天。瓊結抵達印度時已超過十八歲，無法加入體制內的學校教育，只能進入成人學校完成語言課程。西藏中途學校不具備資格發給學力證明，就業市場上西藏中途學校的畢

等待被上色的神像

更新成當代恐怖怪物形象的妖魔象徵和將它戴在頭上舉行儀式的僧人

業證書不具價值。受過良好教育的瓊結在西藏中途學校只念了四年就跳級畢業了，之後一直在教育機構任職，成家、生子。

許多逃亡到印度的藏人都說，「年輕時看印度電影總覺得印度一定是一個充滿各種色彩、歡笑、歌舞的地方，有達賴喇嘛在地方肯定是先進的大城市，沒有想到來到印度後才發現這裡就像一個大農村。」剛認識瓊結的時候，她還沒從憂傷與身體的病痛中恢復，「身為一個難民不會說印度話也不懂印度的規定。我覺得我不屬於那裡（西藏），也不屬於這裡，難道我的一生就要這樣懸宕在中途？」現在的瓊結、土登、強巴都已經找到了安身立命之所，建立了自己幸福平安的家庭。

以親屬關係拉起的跨國網絡

相對於離散，家是一個以集體定居為主的穩定模式，然而全球化下移民網絡使得「家」的概念受到挑戰。跨國家庭在藏人社群中變得十分普遍，有獨自移民西方的父親將妻小留在印度，也有逃亡到印度後組織新家庭定居。在定居屯墾區會發現，一個家族中總有幾個在美國、加拿大、澳洲、法國、瑞士或臺灣的親戚，不管是透過弘法或者打工。這種寬鬆的網絡彼此之間傳遞訊息或者金錢與社會匯寄（remitance）和一般移工的型態是不同的。身為流亡者的藏人不管以什麼身分移動離開西藏和印度，都是以定居和獲得合法公民身分為最終的目的。透過婚姻、取得難民庇護、正式就業與組織社群互助，流亡藏人在海外往往會成立或大或小的協會。取得正式身分之後的藏人也有可能會以自己的公民身分為資本，進入移民產業套利，移民後能夠接親屬團聚的法律資格有時被拿來透過中間人出售，成為另一個家庭首位移民出國的選擇。

「孩子們就一個接著一個出去了」我訪問丹增（Tenzin）老夫婦的時候望著滿牆家人的照片，屋內卻只有他們兩個而感到有點驚訝。老夫婦解釋，在印度出生的大兒子因為成績優異獲得獎學金到加拿大留學，他很快地轉換身分在當地學校找到教職工作，然後資助在印度公立醫院工作，長工時又沒有遇到合適婚配對象的妹妹也前往加拿大。二兒子原本出家成為僧侶，近年還俗後也成為在家修行者並且移民美國。定居海外的兒女定期會匯來一筆錢改善家屋並支付老父母的生活支出，包括雇用一位印度籍的孤女照顧兩夫婦日常起居。年屆八十的老夫婦正在考慮是否要到加拿大和子女度過人生最後的時光，然而去過加拿大的母親表示她在那裡沒有朋友，又是全新的環境，她感覺很沒有安全感，寧可在南印度終老。身患慢性病的父親更是認為他無法移動到歐美，無法工作的他只能依靠高價的私人保險治療，他可能會成為拖垮年輕子女移民家庭財務的負擔。丹增一家每週日都會利用通訊軟體Zoom舉行家庭聚會，互相分享這一週的生活也讓年邁的父母和年輕的孫輩增進感情。

流亡者成為流亡者的照顧者

流亡社群中也存在一種特殊的家庭關係是以集體家庭宿舍的經驗集結的關係扣連。集體家庭宿舍制度存在於住宿制的流亡學校當中，是基於過往西藏大家庭同灶共食的傳統而設計，所有成員相處有如擬態家庭（pseudo-family）[18]。我所謂的藏人擬態家庭指的是成員彼此之間並沒有血緣關係，但是被教育以家庭的方式（互助、照顧、道德觀念）相處，使得這種撫養制度達到家庭的功能，甚至在學生畢業之後仍然會懷念集體家庭當中的母親和家人，形成一種介於師長與親人之間的依附關係。

集體宿舍的靈魂人物就是「家庭媽媽」及其丈夫所扮演的角色，有如寄宿孩童的養父母，除了家事任務訓練之外也必須對孩子付出保護、寬慰、關愛。這樣的家庭結構設計是以母親角色為中心，父親的角色並非必要[19]。在西藏兒童村學校（Tibetan Children's Village, TCV）集體家庭宿舍當中擔任家庭媽媽角色的可以是二十出頭的年輕女孩，也可以是為人母的職業婦女，甚至是從西藏逃亡至印度而無職業專長的單身女性，需要一份有給薪的勞務工作。家庭媽媽的工作內容是怎麼樣的呢？

「這份工作，雖然說就是做做家務照顧孩子但其實並不容易。我們每天早上四、五點起來，一直忙到晚上，長期下來很多家庭媽媽都有全身酸痛的毛病，尤其這裡氣候潮濕。擔任母親，也是一份工作（Being mother, it's also a job）。我愛我的孩子們，雖然有幾個很調皮，但都是好孩子。我希望我到五十歲就可以退休，我的丈夫在南方開了一家小餐廳，女兒上高中之後我計畫過去跟他團聚。」（訪談記錄，2012/08/23）

集體家庭宿舍制度創造的是一種擬態家庭的氣氛，由家庭媽媽這名工作人員受薪擔任孩子養母的角色，目的是為了因應孩子的特殊背景——許多從西藏逃亡過來的孩子被迫與父母親分離，長期失去聯繫，並且可能在印度完全沒有家人親戚。家庭媽媽的角色不僅是孩童生活的照顧者，其所扮演的母職角色提供流亡孩童與青少年在社會化過程中需要的心理支持與日常陪伴。

18 我在這裡使用擬態家庭的意義是正面的，指為了提供家庭的功能而組建起來的互動劇本與角色扮演，除此之外亦存在情感交流，替代了住宿學生缺席的家人與家庭教育。

19 訪談中受訪者表示這是因為傳統西藏家庭父親往往必須出門放牧或者從事貿易，留守持家則是母親的責任。但其實也有可能是因為家庭媽媽才是有給職的工作，而且男性工作薪水通常較女性高，因此除非家庭爸媽本身都在校園工作否則經常只有家庭媽媽主持集體宿舍生活。

「他（一位來自西藏的十年級男學生）總是說他的奶奶暑假時就要來看他了……，一個十七歲的大男孩。每次當電話好不容易接通，他的奶奶總是這樣對他說，而他總是一次又一次地面對失望。」（家庭媽媽訪談記錄，2012/08/23，括號為我所加）

作為一份正式的教育工作，西藏兒童村學校針對這份工作訂定了標準化的訓練流程，訓練期間長達一年半，內容包含烹飪、食品營養、清潔、醫病基礎常識、制度管理、兒童心理輔導技巧等，以及為期三個月至半年的實習。家庭媽媽的勞動時間十分長，每日從清晨四點開始一直到全體孩子都已上床就寢，每週只有星期三可以休假一個白天的時間處理私人事務，其餘時間即使工作皆已完成，仍然有義務留在校園內或者家庭宿舍內隨時待命。家庭媽媽管理家庭宿舍，有權力要求孩子參與家務勞動並且分配予其不同工作，並且有義務指導孩子遵守校園內的各項規範，督促學生照表操課。在訪談中發現，某些家庭媽媽對於不同性別應該做的雜務認知不同，女孩子常被要求五點多就必須起床協助烹飪，而男孩子可以睡到比較晚等等，有時會引起學生的不滿。家庭媽媽也在傳遞過去習慣的性別觀念，這個學生在學校教育中認知的觀念不同，即便同屬校園，呈現出學校和家庭的落差。

以流亡者照顧流亡者，透過教育體制重新組成家庭，在日常實作當中去習慣用校方所定義的家庭框架互動，這種拼裝湊合重視成效的制度也有可能真實碰觸到人的內心。從學校畢業之後的校友只要返校就會去探望家庭媽媽們，在許多例子中他們甚至會跟家庭媽媽保持長久的聯繫。低薪、長時間體力與情緒勞動的家庭媽媽也會從這些孩子的惦念中獲得付出的意義感，擬態家庭最後做成真實的羈絆，那種羈絆或許並不是真正的家庭關係，而是基於照顧與理解的親密深度。

1-3 語言與飲食

對於一個自我認同為流亡藏人的人來說，不會說流利的藏語往往是足以感到羞恥的事。然而，身為藏人，不知道怎麼打酥油茶、不會做饃饃、沒吃過青稞做的糌粑、沒嚐過牛肉乾卻不是什麼大問題。語言之於身分認同具有較強的政治上的意義，它能夠成為在公共與正式場合展演身分與動員群體的工具。相較於語言能力，飲食較貼近生活習慣實作，更常出現在私領域和親密關係伴侶的對話。

標準化語言

一般而言藏語指的是標準化之後的拉薩腔方言，就像以北京腔為基準的國語或普通話。標準化藏語有實用的意義，標準化藏語或者拉薩腔藏語是西藏境內與境外西藏社群在出版廣播時的主要語言，流亡社群會注意西藏區域出版的教科書和字典，確認兩者的意思表達形式一致，避免可能造成的溝通困難。

藏東安多地區、康區、衛藏和阿里地區都說不同的語言，它們不僅僅是和拉薩腔方言有著不同的腔調，而是在詞彙跟構句上存在徹底差異，但在文字上，不同區域包括拉達克、錫金和不丹都使用同樣的藏文（བོད་ཡིག་）字母。一般認為縣在使用的藏文演化自七世紀時松贊干布王派遣吞彌·桑布扎到北印度考察梵文，回國後參照悉梵文字母創作的。喜馬拉雅地區佛教徒社群常用的藏語、宗喀語、錫金語、普米語都使用這款文字書寫。藏文的書寫體主要有烏金體（དབུ་ཅན་）與烏梅體（དབུ་མེད་），烏金體又稱作有頭、烏梅體無頭，作用有點像是英語的正體與草寫，主要的印刷採取前者而後者經常用在私人筆記。

藏文字母轉變成普遍的鍵盤輸入法的時間比其他語言晚一些，大約在二〇一〇年前後，手機應用程式的出現改善硬體部分的限制。如前所述，藏文語音輸入如同許多少見的小語種面臨的問題，需要母語人士進入相關產業輔助，從方言轉到文字仍在發展中。實際上，語音訊息使得溝通逐漸可以不需要文字，在山上從事畜牧業的藏人需要的是會讀相關的法條文件，而不一定需要會寫電子郵件，過去活潑的口傳文學與歌謠並不依靠印刷術來傳播，通話訊息也只需要使用手機就夠了。海外藏人社群的溝通語言許多時候並不是藏語，而是英語或法語，這部分和一般的離散現象是相同的。

用新語言伸展的種籽

一九八〇年代後流亡到印度的藏人根據年齡的不同，被不同的機構留置與輔導，直到能夠適應流亡社群的生活。兒童與成人經驗的流亡是完全不同的路徑，雖然都算是一種教育機構。兒童接待機構有具體的延續性，可以直接接軌升學體制[20]；成人學校以再教育為主，希望能夠讓這些人畢業後具有在一個不同語言、不同文化習慣的異地基本生存能力。被視為未成年人時所能得到的照顧遠超過成人，因此有許多年輕人會謊報年齡自己在十八歲以下，所謂成年與未成年本來就是一條極為模糊的界線。

接收兒童的機構是寄宿學校性質，延續SOS兒童村（SOS Children's Villages）現代孤兒院類型的設施。根據藏人行政中央的統計，到二〇〇八年邊界收緊之前約有將近一萬三千名學齡兒童與青少年以流亡者的身分居住在印度、尼泊爾以及不丹。從西藏流亡到印度的學童在邁入流亡學制之初必須先就讀機會班（Opportunity Class）一至兩年，課程內容僅有英文與藏文。待機會班的課程結束後舉行插班考試，學生按考試結果可跳級到小學或初中不同年級（Class 6-8），因此插班念書的學生的年紀往往比同班同學大許多歲，年紀超過二十歲仍在八年級或九年級就讀者所在多有。念完機會班之後無意繼續升學的學生，則依其個人意願被安排到職業訓練學校或語言班就讀。

教育向來被認為是流亡政府五十年來最重要的成就之一[21]。西藏流亡教育教授四種語言：藏語、英語、漢語、北印地語（Hindi），包括人文、社會科學、文學、科學與音樂、美術、體育等科目。從幼稚園到五年級所有科目選擇自編的藏語教材，六年級以上逐漸引入英語教學，十年級以上除藏語一科，全數使用英語教學。在西藏，不同地區對同一文字使用不同的發音腔調特色與慣用說法將藏文按照傳統三區安多、康與衛藏分類，許多方言亦存在個別大類當中，近年透過語言學與科技的發展將這些方言建立語音辨識資料庫。為了提升識字率，流亡政府與流亡教育機構做了跟中國官方同樣的選擇，將原本的拉薩方言（衛藏）訂為標準藏語（Standardized Tibetan

---

20 西藏兒童村學校的教學大綱符合流亡西藏教育部所訂定的流亡西藏基本教育政策標準。作為獨立並且歷史悠久的教育組織之一，西藏兒童村學校在流亡西藏社會及國際間的知名度較高、並且長期接受國外資金與人才的各項援助，學校發展在教材研究、教法創新上往往在流亡西藏群體中占有領先地位，例如：於一九七〇年代初期率先引入蒙特梭利幼稚園教學。小學五年教育的母語化教學（Tibetanisation Program）也首先從西藏兒童村學校於一九八五年開始實施，一九九四年後，在主管的印度政府人力資源部（the Ministry of Human Resources, Govt. of India）及中央藏管會教育部的認可下推廣至所有流亡西藏學校。流亡學校的教學大綱亦符合印度政府規定，於一九七四年通過審核，採取十加二的學制，附屬於中央中等教育委員會（the Central Board of Secondary Education, New Delhi）體系，據此學校能夠核發合法的學歷證明（至Class XII），在校舉辦Class X中學會考（All India Secondary School Examination, AISSE）以及Class XII大學高考（All India Senior Secondary Certificate Examination, AISSCE），受到印度政府人力資源部管理。

21 Bernstorff, Dagmar, and Hubertus von Welck. (2003). *Exile as Challenge: The Tibetan Diaspora*. Orient Blackswan.

Language），以此編寫課本與書寫公文。根據二〇〇九年的普查數據顯示，居住在印度、尼泊爾與不丹流亡藏人族群的識字率是百分之八十二點四，學齡兒童的入學率則介於百分之八十五至百分之九十。

辦學被視為是延續文化傳承的重要步驟，是第十四世達賴喇嘛流亡後很快開始的發展工作，他接受了尼赫魯總理的建言，將英語納入學校課程大綱當中。流亡西藏教育的制度設計大量參考印度、英國和歐美的學制，結合西藏傳統文化傳承的目的。鑲嵌在印度社會中的西藏流亡學校因取得印度政府認證而能發給學歷認證，然而，教育本土化的呼聲在流亡社群中不斷升高。二〇〇四年，流亡西藏議會（the Assembly of Tibetan People's Deputies，又稱 Tibetan Exile Parliament）通過了《流亡西藏基本教育政策》（*Basic Education Policy for Tibetans in Exile*），內容包括九年義務教育、傳統文化優先於現代知識、幼稚園到小學三年級應使用母語教學（四年級或五年級才引入第二及第三語言），在七年級之前藏語都應該被列為主科之一等等。《流亡西藏基本教育政策》這項政策，主要落實於教育部所成立的中小學，對於自治體質的流亡西藏學校的約束力有限，但其精神仍然被完整地實踐：「流亡教育的目的在於為西藏兒童預備現代化教育以面臨現今世界的挑戰、重建西藏的未來；另一方面則是在西藏兒童身上保存西藏豐富的文化傳承、宗教信仰與身分認同。」使用何種語言，何時開始學，反應出徘徊在傳統與實用之間的價值取向，流亡教育對於什麼是「西藏未來的種籽」所需要的，受到政治脈絡不小影響。

語言和文化身分傳承緊緊相連，但在印度社會生存其實更需要學習的是印度當地語言。這的確是流亡社群學校教育課程規劃上的難題，學生在學校學習的時間有限，要兼顧許多課目其實並不能夠留許多時間給三到四種語言課程。中學生的漢語和北印地語是二選一的課程，讓學生自行決定。在屯墾區成長的學生通常具備當地的語言能力，印度本身也是多語社會，因此藏人學生和印度學生一樣成為多語者是一種普遍的現象。在自媒體時代，能夠流利運用藏語與其他語言表達溝通的學生，從當年規劃的專一深化經典傳承種子形象開出了新的花並結出豐富果實，不管是在文學或者影音創作方面。我經常收聽的Podcast創作者丹增・喬冬（Tenzin Chodon）就以英語和藏語製作節目獻給那些和她一樣自我認同為藏人卻從未真正到過的西藏的人們。對遊牧民族來說，口傳文學和有趣有深意的言談本就是一種高尚的能力與娛樂，當代的影音創作正好呈現了適合它的形式並且更加擴大了閱聽眾。

孤獨與閱讀

進入成人接收機構的生活，就像是當兵時的新訓中心，吃住睡都是集體行動，加上成人接收機構不似兒福機構能夠獲得更多關注，成年人所要忍耐的硬體設施條件往往差得多。一般成年人對於圍牆外的印度社會，經常會感覺到陌生與害怕。長久以來存在的治安問題，難民人生地不熟又是經濟與政治上的弱勢，往往成為投機分子的目標。經過一趟危險逃亡旅程的人們，已經禁不起折騰。近二十年，成人中途學校這一類接收機構的條件已經大有改善，並且引入印度空中大學的制度協助成人學生取得大學學歷，幫助他們未來就業。事實上，這些機構負責協助新難民通過身分證明和調適風土的過程，協助他們重建在異地生活的信心，扮演了非常重要的角色。新難民離開收容機構開始謀生後，要面對的往往是僅有精神寄託但無物質依靠的生活。

我剛到上達蘭薩拉的西藏兒童村學校協助訓練中文老師時，偶然認識了西藏圖書館中文圖書室的館員。他告訴我他剛來到印度的時候心中充滿了憤懣和孤獨，成人接收機構的住宿條件和家鄉習慣的季節溫濕度完全不同，特別是雨季萬物發霉，影響身心狀況。「但是我在書本裡找到安穩，」他說中途學校提供的語言課程幫助他學習標準藏語和英語，因此能夠讀並寫下他所知道的安多地區的文學詩歌。並且在英語教材中認識了泰戈爾，深深嚮往那份深厚的人文精神。我在中文培訓教師學員當中遇見了格桑（Kelsang）老師，老師告訴我她在成人學校的時間特別難熬，老舊建築牆壁裡含的黴菌讓她身體長期不適，但學校裡不乏閱讀材料，離開西藏前就接受過正式教育的她重拾書本閱讀佛經和傳記故事，啟發了她很多關於自身生命歷程的思考，後來也產生安慰平靜的效果。在艱苦的收容機構中也不乏人們找到一生摯友和人生伴侶的故事。與其說成人學校是一所學校，不如說它像一所休養中心，透過學習反芻困難的經歷與準備離開之後的生活。

中途學校盡可能地提供流亡藏人面對新生活的技能，卻缺乏足夠的醫療資源協助收容者身心靈調適的工作。我的一個朋友拉姆（Lhamu）已經是兩個孩子的媽媽，到印度之後終於獲得一直想要的自由、學習她渴望的知識、參與表達政治意見、大聲怒吼中國政府在她的家鄉掩蓋的非人道行為。但是她也在剛到印度的時候病了，造成肝方面的後遺症。除此之外，翻閱早期的資料，可以發現肺結核在二三十年前是相當常見的疾病，通過媒介外國醫療援助和受過高等教育與特殊訓練的藏人專家返印協助，近幾年才將記錄歸零。語言和文字在這樣清苦的生活中為這些漂泊的旅人帶來很大的快樂，有許多藏人作家用英語寫作詩歌、札記與小說[22]，早期透過尼泊爾的出版社出版後來藏人自辦出版，也有結合時事與文學創作刊載的雜誌。近年來網路交流便利，在海外的藏人也能輕鬆地讀到西藏境內創作的文學與音樂。在印度和美國等地生活的流亡藏人所寫的作品也不只是有我群讀者，文學、音樂與審美是沒有設限的。

饃饃約會

我在研究過程中受到學校老師、各級行政人員，以及學生無條件的信賴與協助。像動物園的小猴子，大家都喜歡看到我穿藏裝上班。剛開始，胸口的襯衫摺子我怎麼弄也不整齊。我跟圖書

22 例如布瓊・索南於二〇〇四年編的 *Muses in Exile: An Anthology of Tibetan Poetry*。

拉達克婦女協會的成員正在準備饃饃宴

館員短暫交往過一陣子，他會在別人看不見的角落著急調整我的衣領，害羞地叮囑我小心不要開得太大，在流亡政府部會之間訪問官員跟找次級研究資料，必須注意自己的儀容。放假的時候他帶我去健行一整天，走七八個小時不停，在山裡聽他講家鄉風景。隔天我大腿痠痛，從三樓到一樓上課得輕輕扶著樓梯，讓管家和同事莞爾。

圖書館員帶我去認識他的朋友，到一群男人的家裡吃晚餐，氣氛意外溫馨不嚴肅。那是我第一次認識饃饃這種食物，其實就像蒸餃或小籠包。我後來才知道饃饃這種食物其實被認為是漢藏交界處文化互相影響的創作[23]，圖書館員的朋友們和他幾乎是同梯從成人中途學校畢業的，他們當中有人後來做生意、從軍或者加入傳統樂團。在他們的大手中旋轉的小籠包，說說笑笑之間，柔軟的麵團劃出完美的螺旋。我從沒學過怎麼包小籠包，我連餃子技術都不甚熟練，在形狀與技藝展演皆不及格的情況下，他們宣布我最好坐在一邊負責吃就可以了。用過晚餐後我們用簡單的英語、圖書館員翻譯著安多話和標準藏語，偶爾談到印度的時候還用北印地語表示專有名詞。我們從饃饃餃子聊到各自的經歷，他們給我看了許多照片又說了一些驚險的故事。那晚的記憶對我來說是跟拉達克跳傘、陰暗廊道、發霉的窗簾、男人們茂密的鬍子，還有他們說我圓滾滾地就像饃饃，是連在一塊兒的。

饃饃是一種很難一次就被吃完的食物，像派對剩下的披薩餅或者隔夜的火鍋湯。我住在印度大學宿舍時，來自尼泊爾的同學放假時總是在一起蒸一籠一籠的饃饃。它是一種聚餐食物，不是自己一個人做飯時會想要製造的大量食物。饃饃也代表一種文化的混雜性，住在藏東的人們用麵皮包住肉餡或蒸或炸，就像義大利的餃子，這種勾起人多重回憶的食物，沒有參與製造的過程，在咬下去之前不會知道裡頭包含了一個意義宇宙：可取得的食材、誰的食譜、神來一筆的加料，需要蘸什麼醬汁佐料，才能稱作是完整的一道菜。饃饃又帶有一種現代性的意味，可以適應不同文化。當蒸餃被稱作饃饃從尼泊爾傳入北印度，很少人會想到它其實是一種藏式和中式的食物。表皮炸得酥脆油黃，一咬下去內裡調過味的雞肉餡立刻讓人有胃口，加上紅色朝天椒作成的醬料

---

23 其實波斯和突厥菜餚也經常出現這種用麵皮包裹肉餡的食物。

或是印式的薄荷香菜醬，家常食物搖身一變成為流行小吃。

學會包饃饃

我第一次吃到馬鈴薯饃饃是在我的老朋友洛桑（Lobsang）和吉美（Jigme）的家。洛桑家發明的馬鈴薯饃饃，外表一樣是麵團作成的餃子皮，事先蒸好、調味過的馬鈴薯，混和了容易買到的軟起司抹醬，是一道碳水化合物盛宴。沾醬則是混和了煎炒過的番茄、辣椒和一點點起司抹醬，作出濃郁奶香紅辣的外表，跟味道偏淡的馬鈴薯剛好是絕配。洛桑和吉美分別在社會和衛生部門工作，是一對透過網路相遇相知相戀九年後步入婚姻的愛侶。每次做馬鈴薯饃饃時，我總是在包的時候將餡料溢出來，會自然地把手指尖的渣滓吃掉。這時候洛桑就會發揮西藏人的幽默感說，「這口味不錯吧？」待我愉快地同意，他會笑著說因為我一邊吃一邊包，「三分之一的饃饃都被妳嚐過了。」

多年過去了，洛桑和吉美總不忘在包饃饃時取笑我跟圖書館員無緣的戀情，關心我為何到現在還找不到對象。當年認識後不久，圖書館先生開心地向還留在西藏的父母親分享遇見了我，他在家鄉的父母認為臺灣人也是漢人，因而極力反對。將這個消息告知我的那一天，圖書館員買了一雙運動鞋給我，祝福我往後走的路一切平安，送我上車離開。簡單的食物像是一道暗號，每當我品嚐到類似的口味，總是想起當時的事情。當我自己動手做的時候，往往又能改寫對某道菜的印象。烹飪與飲食往復如儀式，述說一段不斷疊加的友誼和我往後越走越遠的道路。

我最想念的饃饃是二〇二〇年返回南部屯墾區過藏曆新年，西藏爸爸在老式看起來沒消毒過的木板上剁肉、媽媽和麵、叔叔清理蒸籠切洋蔥，我們坐在地板上包了最簡單的牛肉饃饃。牛肉的油脂毫無掩飾地從蒸過的麵皮破口中流出，沒放什麼薑蔥香料帶點肉腥味，是不常出現的慶祝味道。在拉達克、在天山游牧民族家庭裡做的都是這樣的味道，但對我來說還有著家的味道。

藏學年會時出現的各種形狀饃饃

經歷自焚（Self-immolation）那段時間是我花很多時間處理的經驗，當時並沒有配合的心理輔導機制，這一類的話題也很難跟沒有經歷過的人聊。我至今難忘當新德里自焚者的遺體被送回達蘭薩拉，學校停課半日，中學部以上的學生集體參加在大昭寺舉行的誦經超渡儀式。自焚者的遺體裝在精緻的棺材中放置在寺院外的廣場中央，上面覆蓋著哈達和國旗，中央藏管會的總理、政府官員以及學校教師與行政人員都參加了此一儀式並致詞，隨後人群跟隨抬棺的隊伍至火葬場目送火化儀式完成。自焚的新聞與布告每日充斥大街小巷，不斷更新，包括校園。那時我們每天都會聽到 Self-immolation 這個詞，它不是藏語，藏語中甚至沒有這樣的詞（佛教一般也不認同自

國際藏學研討會參與的各國學者所包出的各種饃饃

焚的行為），但在那段時間裡，這個字就等於是西藏的課題、西藏的命運。

二〇一六年我第一次參加國際藏學學會發表了退伍軍人的研究，在挪威卑爾根青年旅舍的廚房，住客多半是國際藏學年會的與會者，我跟朋友在那裡包起饃饃。經過的旅客熱情地取了一片皮就包起他們家鄉的饃饃，於是一下子出現了各式各樣的，有的小名是老鼠頭圓尾尖，有的就是個小小圓圓的包子開了扇小窗，有的像一朵複瓣牡丹花穩穩地站在桌上，有的像打開的扇形扁扁地躺著……包住不同尺寸的餡料，完整封裝好的饃饃彷彿代表了西藏多元的文化，還有參與藏學研究的多元背景，成為一道令人難忘的風景。我生在燠熱潮濕的南方，餃子跟饃饃都是北方食物，臺灣媽媽包的餃子有外省家庭的風格。饃饃的麵團，牛肉攪餡混和洋蔥，用白鋁做的尼泊爾蒸籠，西藏爸爸的味道像牛排攪碎了放在饅頭裡蒸，洋蔥吸飽了湯汁分外甜。我並不特別喜歡吃饃饃，但不同的人包的不同風格的饃饃，像是同一個人說著不同語言。

饃饃的作用是一團包起來，什麼都能當作餡料。簡單地發麵之後，到菜園裡採摘任何野菜然後結合手邊有的材料就能包饃饃——在家、在流亡、在回家的路上。

生命並不僅止於此的渴望，像是不斷往麵皮裡頭包進混和的料餡。成為一個西藏人不必然包含能夠說拉薩話，每個人成長過程中與西藏發生的無可取代的回憶，不管是否去過那裡，不斷餵食不同世代疊加的記憶，最後變成了無法再重來的一種身分。

我們不斷地包饃饃，吃饃饃，告訴自己我是西藏人。或者，重新煎熟冷卻的饃饃，用辛香醬料下飯，慢慢變成自己理想中的西藏人，數算安好平靜的歲月。

掂在手裡的饃饃，太沉了容易破，太薄了索然無味。生命能否囊括所有欲求的渴望？

1-4 人地關係

西藏本身幅員遼闊，有乾燥的高原沙漠、濕潤的草原和山谷、像風中翻浪那樣的梯田、長滿灌木的山坡，認為自己是藏人的人們本身也從事各式各樣的生產活動維生，不管是畜牧或農耕，或者較現代的觀光、採礦和輕工業生產，都需要長時間跟環境一起共存的生態智慧，而這樣的知識與經驗往往與價值觀成組存在於日常生活的脈絡、在世代間傳遞。

一九四〇年代初期到一九五〇年代末期，自東往西超過二十年的軍事衝突與社會騷動，而後統治政府替換的政治改造，使得許多藏人離開了穩固循環的生命歷程。浮動的社會結構和多重政治勢力介入為他們開放了新的機會，也帶來從未經驗過的限制與壓迫，程度之大不管是什麼階級都不能倖免。社會、政治、環境與文化的變遷不是一夕之間因為一支軍隊占領或者一場戰役的發生就能完成，它有漫長的醞釀過程、歷史事件的隨機性與因果關聯的必然性、變化與變化之間環環相扣熟悉的「地方」在知覺、社會、主流意識形態、政治組織和自然生態都改變了，藏人自己這個「主體」（關於我是誰，我是怎麼樣的人，和我有關聯的其他人與物是如何）也在經歷環境變化中逐漸變成與過去所不同的樣子。已經變化之後的藏人主體會去追憶過去的面貌，透過敘事、身分展演、之於地的再領域化，這些都是人之常情。這些行動為處於劇變中的主體減低認知混淆和增加舒適的感覺，滿足人的基本需求。它同時也作為一種政治表達，並帶有經濟或社會方面的價值。

一九五〇年代是西藏社會從集中同一區域到開展到全球的關鍵時期，西藏作為一個想像出的實際與精神環境的「共同體」（the commons），其溢出西藏的地理位置（location）出現在藏人遷移至的所在（locale）。在這些「藏人的地方」，不同於過往的人地關係決定這些地方在所擁有者、安居者、治理者的日常生活和想像實踐中成為什麼樣子，當然也影響了這些參與者的生活方式。

公民與無國籍者

現今在舊德里、大吉嶺、達旺、尼泊爾居住著許多擁有印度或者尼泊爾國籍的藏人，他們的祖父母或曾祖父母在一九四〇年代末期到一九五〇年代初期因為社會動盪不安而南遷。依據幾位來自德里與大吉嶺的藏人印度公民所述，在經歷了十多年對漢軍事政權的大小衝突後，藏東許多從商的富裕和小康家庭決定往南尋找更安全的貿易、投資與居住地點。這些在南亞後殖民民族國家成立前後移動到南亞大陸的藏人，不管他們是在一九四七年和當時其他因為衝突而移動的族群一起成為了新獨立國家的公民並且申請了土地所有權，或者是之後了解了自己的公民權而申請了公民身分證明，他們都沒有作為「無國籍者」的問題。

自稱是「流亡藏人」的群體中，有些人有國籍有些人則無。有國籍的藏人能夠行使公民權，代表他們的權利理論上能夠受到保護，像是自由、符合比例原則的平等。國家沒有權力隨意越過憲法與法律契約損害他們的權利。有國籍者享有公民身分所賦予的權利，也應盡公民身分的義務，像是納稅、兵役、選舉政治代表、提出法律所不足之處、參加國家考試、在政府機關工作。他們持有護照，這也使得他們能夠以一般的方式出國旅行、工作或者移民。前述與公民身分掛勾的政治權利，無國籍者一律沒有。他們可能有固定的工作並按照法律規定向國家政府規律納稅，並持有繳稅使用的納稅人身分證明，但他們可能沒有投票人證明卡及護照。他們可能有自然人身分憑證幫助他們更有效率地使用居住地行政區的資源，像是更換廚房炊事能源（瓦斯桶），但他們的兩份身分證明（自然人憑證以及流亡政府所發的綠皮書）無法在銀行開戶和申請手機ＳＩＭ卡。自稱是「流亡藏人」群體中的無國籍者，他們的處境反映了當代的個人身分需要多重組織加以認證，即便他們已在當地生活了一輩子，他們的信用評等、安全係數和參與市場活動的能力仍然受限於書面證明。

無國籍者可能具有不同的法律地位，像是政治難民、庇護尋求者、偷渡客、黑戶等等，不同的法律地位代表他們所能得到的幫助與約束相差很大。這些制度身分基於他們所處國家的政策與法律規定，因此在印度作為一個政治難民，與在法國、瑞典作為政治難民的生活，很有可能是截然不同的。今日居住在南亞印度、尼泊爾、不丹等地的藏人，不一定都是「政治難民」，他們當中也有相當數量是具有藏人文化身分的該國公民。理論上，這對整個自我認同為「流亡西藏社群」是具有相當大的好處的，在社群中基於相同的信仰、宗族或者政治目的，社群成員能夠動員並組織網絡照應其不同身分成員。然而，在信任基礎低落或者貧富不均造成負面觀感的情況下，我們也可以在流亡西藏團體中發現他們結盟的對象可能是具有印度公民身分的非藏人佛教徒、具有中國公民身分的藏人或非藏人佛教徒、觀光客或者外籍配偶。一般而言，不具公民身分的情況被視為是一種弱勢——簡單地說，生命若一直處於懸宕在中途的狀態，必然妨礙個人發展。然而多數藏人也不完全願意申請印度公民身分，因為印度護照在國際上普遍被認為「不好用」，取得印度公民身分對向上流動沒有提升的效果。況且，並不是所有藏人都能依照印度的國籍法取得公民身分，藏人能夠取得印度公民身分可視為是一個該國國籍法修訂的溢出效果。

牛肉

公民身分懸宕，出國成為一件困難的事。沒有護照的在印流亡藏人，使用黃皮書（International

certificate, IC，或稱「無國籍難民旅行證」）作為代替護照的通關文件，每次離開印度前除了目的地簽證，還必須事先取得回返印度的簽證（Return visa），至少需要耗時三個月。然而日常生活要繼續，而且通常比書面資料上多舛的際遇來得幸運。印度有七成以上的國民自認為印度教徒，而大部分的印度教徒會將牛視為神祇。儘管實現這種信仰的態度各異，但普遍將宰殺牛視為禁忌，吃牛肉自然變成少數信仰（包括穆斯林）與少數族群的活動。西藏人和世界上許多居住在鄉村的農牧民一樣，每年會宰殺自己蓄養或購買來的牛畜，不管是犛牛、乳牛、黃牛或水牛，他們會將牛肉用鹽和胡椒等香料醃漬、風乾，作為一年份的肉食。牲畜數量繁茂的草原牧民，則經常吃新鮮宰殺的牛羊肉。現殺放血支解後的肉塊用香料和熱水煮熟，可以用來配糌粑等主食或者冷凍後保存，吃的時候以隨身佩帶的小刀削切小塊入口。

逃難到印度的前幾年，吃飯是直接威脅到社群生存的主因。從高原到季風濕潤的氣候、食物供給的品項、加上逃亡中的勞頓與交戰，多數難民的健康情況虛弱不振。幸好這樣的情況並沒有持續很久，數年後移居到印度的藏人，為了適應不同自然環境而能夠產出的生物和政府配給的食品，逐漸轉變成依賴輕易就能買到且價格低廉的麵粉、洋蔥、番茄、豆類、薑黃、辣椒、馬鈴薯所製成的Roti（麥餅）、Dal（扁豆咖哩）和Subji（素食配菜）為主食。進入定居營區，特別是家中有親戚子女外出打工之後，才有穩定的現金收入支持肉類消費。儘管大多數寺院已經徹底轉變了過去的飲食習慣開始茹素，老一輩的藏人還是每餐無肉（Shya）不歡，只是吃的肉變成營區周圍農村淘汰的耕牛或乳牛。肉食生產與購買變成影子企業，掛牌賣羊肉私底下兼售牛肉變成了內行人的笑話。就經濟動機來說，黑市牛肉價格也遠比公開市場上的雞肉價格還要低廉，藏人購買水牛肉是一個不言說的默契。

二〇一九年我回到穆恩德戈德（Mundgod）過藏曆年時，西藏爸爸提前向熟識的肉販訂購了牛肉，好為我做多汁飽滿的牛肉饃饃。這些儀式般的食物共做共享過程不是宗教原因或社會主流觀念可以消滅的，多數時候素食只是被視為一種被動的替代。不似穆斯林有固定的市集和地區性的清真寺互助團體，藏人消費肉類的方式既隱晦又透明。新德里西藏村（Majnu-Ka-Tilla）是一個河岸大垃圾場轉變成時髦移民區的著名例子，不少建物和土地長期租賃契約都已掌握在藏人社群（包括寺院）的手中，許多非營利組織靠這些以觀光業為主的營利事業生存。大樓頂上用鐵絲網架起、充滿都市落塵的露臺被充當風乾牛肉的場所、分裝的牛肉透過熟人用黑色的塑膠袋裝起分送到熟客的冰箱冷凍庫。

糌粑和釀酒

儘管我生動地描寫了食肉的方法，多數藏人真正的主食仍然是糧麥，配上生活環境周圍可取得的可食植物、香草、耐寒的根莖蔬菜。缺乏蔬菜的冬季，依靠乳製品、鹽和糧麥粉也能夠生存，人所食的內容與其放牧的牛隻類似。我第一次吃糌粑是在二〇〇五年四川理塘的牧民家裡，經常在牧場上移動的藏人需要能夠放在口袋裡容易攜帶又有飽足感的主食，把糧麥粉加入解渴喝了一半的濃茶裡，再攪和入奶油和其他調味的材料就是糌粑。因為西藏的氣候風土，糌粑的材料多數是青稞，一種需要在高冷溼氣重的環境生長的大麥。在印度山區，除非原先已經有食用糌粑的習慣，人們種植大麥的目的通常是用來作為雨季時給牛羊的存糧。大多數在印度的流亡藏人定居營區都在乾熱、靠季風雨水灌溉的平原，能夠利用河水的機會不多。流亡後的博巴改用小麥或玉米等等定居營區容易取得的作物，曬乾、磨粉、炒熟製成糌粑粉，想家的時候就捏糌粑來吃。玉米糌粑和褐色小麥粉糌粑的香味與青稞完全不同，但是加了濃茶與牛油之後一樣能夠結成扎實的穀粉團子。握在掌心裡慢慢地吃，這些主食配上乾燥氣候需要的油脂和水分、鹽，是體力勞動時方便攜帶的便當。煮熟的玉米糌粑配上酥油茶或肉湯，就是一頓有新年味的大餐，這樣的記憶還存留在許多五六十歲中老年人的記憶裡。出生在定居營區的他們可能這一生都沒有嚐過長在西藏土壤裡的青稞滋味，但家庭在貧苦的時候自己想辦法發明的糌粑卻是讓他們難忘的滋味，也是社群流亡印度的滋味。

住在南印卡納塔卡邦的藏人將做糌粑的穀粉換成了炒熟的玉米粉和小麥粉，玉米糌粑成為流亡才誕生的特殊食物，這項逐漸走入歷史的食物也乘載了藏人落地生根的艱苦記憶與成就感。藏人定居營區最粗放的作物就是玉米，因為不須以現金購買種子並且一次能生產大量的糧食，是早

訪問退伍軍人時受訪者招待我跟翻譯吃手捏糌粑

期屯墾的家戶主食。現在藏人多半不再吃這種粗糙的食物，玉米也早已轉變成現金作物，得以轉賣給收購的盤商作為飼料或者生質能源。偶然還是能夠在私人經營的小磨坊和雜貨舖買到用來做糌粑的玉米粉，有些是玉米粉和炒熟的小麥粉的混和。我在印度生活的幾年當中吃過兩次糌粑，一次是訪談時認識的青年朋友札希（Tashi）偶然看到磨坊在出售，包裝郵寄到我在德里的住處，我於是想辦法找其他材料來自己捏糌粑吃。另一次是我跟帕登（Palden）一起去喜馬偕爾邦的一個小地方訪問早已從印度國軍退休的藏人士兵，我們應邀到他的房間參觀，我指出某個中等大小、單獨被擺放在桌上的碗是否是用來吃糌粑使用的。老爺爺非常開心地遇到識貨的對象，立刻打開櫥櫃堅持要做一份（其實是非常大一碗）糌粑讓我「解解鄉愁」。我早已忘了該怎麼正確地揑糌粑了，帕登捲起她的袖子適時介入，我們一起讓那次訪談的尾聲有了充滿歡笑的反轉。

我的西藏爸爸和舅舅們習慣叫酒精為亞力酒（Arak），當他們說亞力酒的時候，有時也是在說生活變得很難取得西藏人喝的青稞酒（Chang）。這種酒其實是一種家庭飲料，據說在藏地，有從事農耕的家庭每戶都釀酒。用雜糧和青稞等各種穀物（有時也用稻米）發酵後製成的酒白濁且帶有泡沫，這時酒精濃度大約有五到十度左右，經過蒸餾後就變成清澈透明帶有一點淺灰色的高濃度酒，大概平均在四十五度以上，有些像是清酒。青稞酒是待客祭神的必備物品，也可以搭配其他食物作為冬季起床後暖身的早餐，往往在體力勞動開始不久後便將酒精揮發殆盡。喝青稞酒的時候多半是快樂、精神振奮的時候，飲酒並不是用酒精麻痺或者有其他負面意義的活動。過去一般相信青稞酒是很有營養的，因為它是糧食的精緻產品，並且隨著不同技術與氣候會有不同的風味，是能夠反映文化的社會生活角色。

製作酒通常由女性主導，從酒麴開始，使用自己家庭的配方釀出色香味不同的青稞酒。重要的祭祀時刻像是新年，藏人會用撒青稞粉做為致敬或者祝福，配上一杯酒，表達敬獻給尊貴的神明與上師。平時飲酒，慣常用中指或無名指蘸取一部分的酒灑向地面，這代表了對土地神、地方保護神，甚至遊盪靈體的敬畏——在我享受之前先感謝存在於我身畔的各位神靈。酒這個被創作出來的物質、飲酒活動與意義連帶、以性別分工、交換活動呈現的社會結構因素，都顯現在與酒相關的活動當中。流亡後再次定居，取得清淨的飲水，重新製造酒麴，能夠掌握溫度和濕度做發酵，是定居成功的證明。這個過程是對周遭環境和自身身心情況都相當敏感的，用粗糙的本地製威士忌取代是滿足功能的便捷做法，這也是為什麼在外從軍將近二十年的爸爸最後習慣了飲用亞力酒。

民居

在現今的拉達克（Ladakh）藏人定居營區我們仍然可以看到接近傳統民居碉樓和帳房的建築形式，雖然在今天藏人的定居營區我們幾乎看不到這樣風格的房舍（除非是寺院）。碉樓的建造通常就地取材，用地面與地下挖掘出的石塊堆疊、牛糞與泥土混和的材料沾黏，做成下厚上薄的牆體。碉樓若兼具防禦作用，窗戶通常既小又開得高，否則通常是下寬上窄梯形窗戶，塗上代表自然界神靈的各種顏色（黑、白、黃、綠、紅、藍）。石塊砌成的房屋內部陰涼，火塘[24]通常位於屋子的正中央。藏南混合木結構建築，大樑和樓層地板通常用木料做成，地面層養動物、人居中層，上層用來儲藏糧食。藏北和藏西，牧民往往得帶著「家」一起移動，他們在帳房中休息。帳幕是用犛牛毛編織而成，非常保暖結實，不分冬夏，遠看像一個個戴著黑色長頭冠的小盒子。

24　磚石疊起築於室內，在中間生火，以供取暖。

坐在犛牛帳房中，外頭濃烈的陽光透過纖維的縫隙照進屋中，變成柔和的溫度。碉房顯示出家屋是需要用武力保衛的堡壘，帳房則表現出家族與家畜在哪裡家就在哪裡的定位，也很有可能，一個家族的成員們同時採取了這兩種不同的居住模式。這些都說明了居住在西藏地方的藏人需要具備適應環境的彈性，顯現出群體內部對於家的具體空間有非常多元的想像。因此，當此想像被迫限縮於單一固定形式時，例如從游牧變成定居於新市鎮，他們的空間使用是不符合他們的需求與經驗的，定居對他們來說並不是一種「進步」，反而是一種「迫害」。

藏人來到印度，成為連吃東西都無法選擇的政治難民，住的也是別人提供的帳篷和屋舍。早期遷入定居營區的藏人按照五人一戶分配土地和住房，興建廚房和公共廁所是每戶自己的責任。土地、住房、糧食配給、發包勞務工作、務農等等這些依靠所分配到的資源來生存，是最基礎的復員目標。當開始經商成功、能夠開始儲蓄、甚至能夠收取外匯的階段開始之後，家戶開始改善居住空間，新建的房子幾乎都以當時印度標準的永居房為藍圖，看起來具有南印甚至歐式殖民風格的小別墅與鋼筋水泥農舍在營區內開始增加。建造這些房子是為了改善營區建立初期磚瓦房所提供的生活水準，表現一種現代化、致富之後的成就。或許是炎熱的天氣不再需要低矮的天花板和擴窗，新造的藏人民居看起來與過去傳統風格的建築完全不同。相反地，依靠香客教徒善款所建造的寺院（往往是流亡後重建過去的家鄉的寺院）、僧房、學校，除了展現宗教建築的華麗特色外，反而帶有濃厚的復古意味。

拉達克地區的建築被認為
保存了最完整的藏式風格

當粗獷的氂牛毛編織逐漸變成收藏家尋找的貨品，居住於帳房的經驗即將變成博物館展示的昨日。流亡印度後，絕大部分藏人的生活範圍被限制在營區當中，身為難民的難處是你不知道何時要離開你現在親手建立的一切，當你在一個地方扎根營生，你害怕去想有一天你不得不離開。房屋、牛羊、家人和寺院，藏人一路拋棄珍貴之物抵達生存，擁有一棟能夠擋風遮雨的「房屋」顯得極為重要，即便是這個「家屋」建立在異國政府所提供的有期限土地使用權上，「家族」成員也早已四散全球，僅剩生命即將走到盡頭的老者與僱請的印度籍看護居住。

祭祀

漂泊的難民從事的卻是與土地相關的農業，如果說一開始務農是為了有東西吃、能夠自給自足，流亡第二代務農則是為了經營一個可持續的生活。早期需要家族全員出動才能兼顧的玉米田、麥田、種菜、製乳等勞力密集工作，現在都轉變成使用機具、少數人留守施做的粗放農耕，而在營區內持續經營農耕畜牧的藏人，往往是過去從軍或經商，退役後半退休後返鄉定居的中年人。他們和土地之間的關係，與難民營外頭農村的狀況並不會有很大的差異，除了他們因為身分的關係擁有接觸到全球援藏網絡的資源，有時是定期金援贊助，有時是技術輔導，有時是投資。以我西藏爸媽家為例，過去養活子女的玉米田在子女都完成學業，父親叔叔年紀都大了之後轉作果樹。果樹不但不需要密集勞力投入、集中灌溉，而且收購的印度盤商可能還會提供臨時雇用的工人幫忙採摘好讓容易腐爛的水果以最快的速度進入市場。轉作林場、林間經濟、果園、高附加價值經濟作物的農地，依靠印度買家協助進入市場，藏人本身並沒有很強的議價權力。藏人本身從事農產品加工的生意也以藏人和附近的印度社群為市場，除了內聚化的流亡社會建立網絡人脈的資源有限，也因為不具公民身分無法成立公司法人經營商號而困難重重。即使流亡政府有計畫地組織合作社與商會輔導農民，成效依然有限。對我來說，觀察定居營區中一般民眾與土地的關係最有趣的部分是祭祀。藏人普遍相信依附在樹木與石頭表面的液體可能代表控制水的神靈，它是八大自然神靈當中最受歡迎的。在定居營區當中的民居，在有著水井、水圳或者樹林區域邊緣，常見藏人用一張顏色鮮艷的旗幟或者布塊代表水，在那片平面上沾上酥油象徵供上敬畏心給掌管水氣的靈體。在建築工事正進行的地方，區域入口旁邊，也都會有用竹竿或樹枝搭建起的靈塔，黏著彩紙、盛裝的人口、華麗的裝飾物，它是吸引惡靈注目的誘餌，一般希望因為忌妒而召喚的惡意或者惡靈能夠於此止步，不再進入工事區域影響從業人員與屋主家庭的安全。這兩種祭祀方式與地方環境較有關聯，反而與佛教本身的崇拜習慣無關。即便是在定居營區這樣一個不完全屬於藏人自己的地方，他們也相信與自己相關的靈體一起流亡到了這片印度大陸，因此將這些神靈也包括在異鄉的日常生活當中，標記著流亡本身並非被連根拔起失去根基，而是重新建構歸屬感。

口味

近年來我經常思考關於品味或者口味的問題，並且越來越相信它與階級息息相關。流亡經驗與階級會產生什麼樣的關聯呢？或許可以從藏人飲茶這件事情來思考。西藏不產茶，藏人卻嗜茶。茶有助於在高原氣候生活一次補充水分、礦物質和一些脂肪，同時兼具美味。在西藏廣泛飲用的茶過去在藏東稱作馬茶，是商旅通過雲南的茶馬古道引進的重焙紅茶碎葉茶磚，喝起來有普洱茶的感覺。移居印度後，現在藏人多半喝印度的碎紅茶，是殖民時期出口公司為了統一貨物品質而創造的製程。將烘烤過的茶葉煮成濃郁的黑褐色，加入牛油、鹽和少許的牛奶，就做出了印度流亡西藏社群俗稱的藏茶（Phurcha）。用較好的大吉嶺紅茶葉兌入較多水，煮成薄薄的茶湯，配上鹽和一點點脫脂牛奶，看起來幾乎沒有茶色的俗稱安多茶（Amcha）。人們會問，喜歡喝什麼樣的茶，用來標記族群身分、經歷、甚至是身分展演。而身分與身分展演在政治難民生命歷程中往往和他們所獲得的待遇、得到的贊助、社群內的地位有關，動員文化象徵、感官經驗和情緒的一杯飲料，和我記憶中在西藏喝過的茶相差很大。一杯接著一杯熱茶，配上餅乾點心，是我坐在數十個家庭長廊上思考他們生命經驗的總和，我也總不避諱我也喜歡喝印度人喝的鍋煮奶茶（Chai），藏人用漢語稱為甜茶，是加了薑、小茴香和糖的鍋煮奶茶。

曾經有報導人跟我開玩笑說，流亡後的藏人所吃的食物越來越柔軟，用印度的各種肉食烹調混和香料粉（meat masala, chicken masala……依此類推）準備的燉肉、米飯、波斯式的甜食取代了風乾硬化的牛肉條和乳酪。這些印度我烹調方法和口味成了流亡藏人生活日常的一部分。在拉薩，咖哩一直是一種街頭流行的速食。藏語中香料這個字即是來自北印地語，逐漸變成包含各種調料的統稱，飲食的味道和移居經驗融合，印度風格的食物也被藏人帶到澳洲、加拿大和歐洲，繼續養大他們的下一代。

在每年的三一〇西藏抗暴日遊行，我們會發現具有公民身分的藏人和無國籍者都會參與，因為這一天紀念的是二十世紀初期發生在西藏文化政治中心、廣為周知的大型暴力事件。作為西藏人在那一天因為自己的種族身分所產生的經驗，在長時間的流亡歷史感中以鎮壓為名訴說，成為藏人身分認同的一部分，在共同體因為大規模遷移而消解後，仍然留在四散的主體心中。在此我主要討論四散的藏人主體是怎樣在後來暫居的地方重新建立「自己的」地方感。不管是從收集或種植食物創造家鄉風格的飲食，展演這些文化行為給外來的觀光客（和研究者）看；到尋找可利用的資源建立更安全並象徵富足的永久家屋，用資產投入去和接待難民的政府協商更大的生存空間，這些標記著流亡西藏的地方感顯示出藏人不僅僅是被拋出原本所居住的世界，他們也把自己的世界觀帶到移入定居的土地上，接受環境對文化造成的改變，成為他們自己的生活世界的一部分。這些因為流亡而產生的生命經驗也可以被視為是「藏人所共同的」嗎？

1-5 為他人凝視而存在的難民

二〇一二年雨季，一個平凡的田野日下午，我如同往常一般在教師食堂匆匆吃完豆子咖哩配長米飯，回到我漏水又停電的志工教師住宿，天花板長了一團又一團的黴，躺在下面看會覺得像永遠不結束的陰天。每日每夜躺在那張被濕氣徹底浸潤的床上，眼神開闔之間恍然以為頂上烏雲轉動，常得費時想想我在哪裡。每個人都是住像這樣的房子，實在沒什麼好抱怨的。更何況，我在學校裡的生活只是暫時的，不似流亡社群裡的人們，任務完成之後我將會回到更舒服安全的地方，一個更一般的生活。

人在田野中，需要做的就是全心全力地投入，並且與他人保持尊重體貼的界線。回到房間後我踢掉鞋子，舒展四肢休息了一會兒，接著查看前一夜被雨水浸濕的書本跟問卷的乾燥狀況。取了課本，又急匆匆地回到校園對角線另一側的教師辦公室準備下午兩點半藏文課前應該複習的藏文拼音規則。高中部的藏文和宗教老師們會用下午課少的時間為我進行一對一的藏文教學。老師

藏式烙餅配上辣椒醬是離散風格的在地食物

們把我當成學校的學生來教，藏文課除了文法、會話，還有書法活動，我學得非常開心。跟藏文老師們在一起的時候我放鬆許多，得以暫時卸下研究工作的嚴肅身分，拿掉平時責任所在的前台表演，和其他師長我們交流的後台，也讓自己慢慢被地方環境同化，過程中同時也有很多樂趣。

寫字的感情

藏文共有兩種主要字形，兩種都要用方型切面的沾水筆來練習書法。藏文老師卡瑪（Karma）總是以勤於抓老鼠的貓來形容我，笑我沒時間複習的行為無異於志得意滿地用一只破掉的袋子裝老鼠當作存糧，等到沒東西吃時才發現自己忽視了一個大漏洞。

老師的名字剛好就是梵語中的「業」字，也有星星的意思。老師鼓勵我用行動創造機會的話語也莫名變得更有說服力。

緊湊且轉換多個不同角色的田野調查生活，和其他老師們在一起的時間成為溫暖並照亮希望的燭火。在多變複雜的長途旅行中，得以每天有如上下班一樣平穩地緩步認識環境、設定採訪大綱和敲定時間，到其他老師家作客吃晚餐，或者只是簡單的閒聊，對我來說都有超越收集資料本身的意義，是人與人之間真摯友善的交流。某天下午發生了一件不一樣的事，在我腦海裡留下了深刻的印象。我下課後留在高中部辦公室座位上寫作業，一邊等待傍晚到高中學生宿舍訪談。一支學校雜貨店購買的鋼筆忽然寫不出來，於是藏文老師用老虎鉗先剪斷鋼筆頭，讓我大呼意外；接著他將筆尖在教師辦公室外面的石牆上磨，再蹲在辦公室門口利用門檻磨，最後又換成在走廊上的窗玻璃磨。磨了將近一小時，最後，一支十五盧比塑膠製的鋼筆被磨成邊角滑順的斜方型，是最適合書寫藏文字母的模樣。大功告成之時，我回頭看石頭上、門檻上、玻璃上都是一圈圈紅色的墨跡。那天下午放學後我跑完預定的訪談，趁著學校工友鎖上辦公室之前，一遍一遍擦拭墨水的痕跡。純白柔軟的面紙和雙手被血紅色的墨跡暈染，鮮豔得讓人怵目驚心。老師剛好上完課，回來看到我狼狽的模樣，問我為什麼不讓工友來整理。見我堅持，他也捲起袖子幫忙擦。那天，我和老師帶著弄髒的雙手下班，彼時學校正因自焚事件籠罩一團黑霧，儘管心情仍然複雜，我們臉上出現難得的笑容。

後來我經常想起那段時光。日日往復在湖畔與山丘上的辦公室穿梭，研究和教學過程中那麼多衝突、意外和悲傷。在課堂上總會遇到學生問我們難以回答的問題：「為什麼聯合國不阻止西藏被併吞？」「為什麼中國政府不讓西藏人學習自己的母語？」「為什麼那些人要自焚？」

放火燒傷的生命

在北印度達蘭薩拉的主要寺廟（Main temple），又被稱為流亡心臟地帶的祖拉康後方，從靠近大門的小博物館走出來，有一條圍繞著寺廟和尊者居所的小徑。走這條小徑繞圈，稱作轉經（Kora）[25]。轉經路上有一處休息的涼亭，背後是一百五十多名自焚藏人的紀念碑，再往前走右手邊有一個深銅色的雕像，那是一九九八年在印度新德里自焚抗議的流亡藏人、六十六歲的圖丹歐珠（Thupten Ngodup）[26]。一般相信，二〇〇九年西藏境內的青年僧人扎白（Tapey）自焚也是受到了圖丹歐珠的影響。二〇一二年三月，藏人在印度自焚第二次發生，其後至今至少有超過一百五十位僧尼、農牧民自焚，這些只是有報導出來的數字。自焚是一種抗議的手法，殉者的主要目

---

25 其實哪裡的轉經都叫做Kora，只是在達蘭薩拉中心，說到轉經就是指這條路。

26 李芃萱，〈柯文哲開自焚的「玩笑」前，應該先看看這些藏人的遺言〉。https://www.thenewslens.com/article/126544

的是抗議中國政府、要求讓西藏流亡精神領袖達賴喇嘛返回西藏。

在學校裡，報導自焚事件的發展就像追蹤一條集體傷痛。因為每個人都很關心事件的發展，在朝會上，學年主任會即時更新最新的自焚人數，教室內的牆面上已逝者頭像所占的面積不斷增加。西藏兒童村學校校慶重新更換壁畫時亦將象徵改為火焰當中的人形，自焚事件迅速成為社群生活的焦點，重要性和情緒的衝擊也遠超過其他。自焚事件的傳播對社群本身所造成的影響遠大於對外界，特別是對中國政府而言。二〇一二年的蘇佳學校校刊《橋》以自焚燒不盡的火焰為專題，學生澎湃書寫他們的角色身分對自焚事件的理解及啟發：

我心中的藏族英雄同胞們，您好！

真的很驚奇，也羨慕你們能為我們歷史悠久的國家而貢獻了你們唯一的且寶貴的生命，雖然你們的身體已被燒毀了，但是我感覺到你們的靈魂在天堂裡盼望著西藏人民的甦醒，盼望著和平與自由的到來，是你們的犧牲讓這個落後沉睡的國家甦醒了，你們締造的偉大事業永遠不會在西藏人民的心目中消失。現在讓我們感到悲傷的是我們再也無法見到你們了，但是在我們這個擁有悠久歷史的國家裡能有像你們這樣的英雄，使我們深深自豪。這是我們民族的榮幸，就因為你們的犧牲讓我們懂得了珍惜自己的生命為國家努力學習，我身為一個藏人的子孫要為我們吐蕃國做出貢獻，但我始終無法像你們一樣為國捐軀。所以我只能在知識上用一切才能為你們的盼望和民族的事業而奮鬥。偉大的雪域英雄同胞們，你們安息吧！總有一天會你們的願望會在我們偉大的雪域實現，有朝一日我們善良的藏民族會在布達拉宮腳下相聚，讓世界人民都聽到我們歌唱著悠揚的西藏國歌。（西藏兒童村八年級男生）

自焚事件在校園內的再現與傳播，其論述建立在西藏失去國家主權、受中共壓迫的陳述，不僅加深了這部分沒有出口的悲愴與不平，近距離目睹的死亡更讓人覺得這是生死攸關的急切問題，卻受制於人沒有解方。學生訴諸各種媒體工具如影片和臉書，傳播訊息、貼上哀悼的照片或者詩句，做為情緒抒發的出口，也希望靠著媒體串連的力量宣傳中國政府的行為，那個時候身在連續自焚事件中的幾乎所有人都在做類似的事情。把消息或者自己的評述分享出去有一種想像的主權延伸，這是當代社會運動相對於過去戰術的不同之處。

除了轉發消息，也有學生以自焚為主題拍攝了短片，內容情節是在描寫一個從西藏來到印度流亡社會的高中學生。他每天辛勤地讀書，但總是會分神擔憂西藏的狀況。有一天，他發現自焚者居然是自己的父親，因此心碎。這則影片故事反映的焦慮、緊張，沒有經歷過與家人分隔兩地無法通訊的人恐怕無法體會。剛剛展開的自由、在寄宿學校中紀律與使命並行的自我發展機會、只能靠想像完成的平反、與親密關係隔離的孤獨、對茫茫未知的未來感到憂慮的年輕生命，因為自焚事件直接與生死面對面，考量死亡或者會有更大的意義。

在我的訪談中，多數學生的憂慮有兩項，一向是擔心自己的成績不夠好，另一項便是擔心自己在有生之年無法去一回西藏，或者回到西藏，完全不是普通十五六七歲孩子應該思慮的範疇。

自焚的人為了達到目的，會服食可燃物，將易燃物與自己的身體緊緊綑綁，以免太痛苦而掙脫或者被他人阻止取下，死去的方式極端痛苦，死後的情狀也令人不忍卒睹。自焚者的生命，或者可被視為是死後才開始，他們的話語與精神、行動及其對社群整體的意義，未隨著他們嚥氣而消逝，反而以殉道者的姿態不斷被重述與放大。民族主義使得人們感覺自己屬於一個想像的共同體。不管是在境內自焚的藏人、在境外來訪的中國使節面前以自焚作為政治行動抗議的藏人，活著的藏人彷彿也都經歷了相同的悲愴，內心的道德與罪惡感驅使著為共同體做出一點貢獻。這些火焰當中燃燒的男男女女形象，成為流亡藏人自我表述的新的象徵。放火燒傷的身體成為藏人身分認同者共同的身體。

或許以一般教育的標準來判斷，這些思想、觀念可被視為激化（radicalisation）年輕人的手段。被火焰吞噬的痛苦，以及熊熊燃燒的憤怒，一遍又一遍地反覆在校園內播放，自焚者的生平軼事與遺書在流亡社群內不停被轉載。學生們在教室裡貼上流亡組織所印製的自焚者頭像海報、積極關心探討事件後續動向，像是中國政府以教唆自殺罪逮捕了自焚者周圍的人。高年級的學長姐也自許要為低年級的學生做榜樣，男學生們自發性地剃光頭聲援自焚者，穿著校服參加西藏抗暴日大遊行。

> 學生在課堂上站起來詢問老師與同學，面對這樣的情況自己究竟能夠做什麼，班上一片寂靜，少數同學靜靜地流淚。我目睹學生情緒激動的場面，內心也感到深深的哀傷。十幾歲的孩子，孤獨地站在那兒，全身因為情緒激動而發抖。那是一個令人感到沮喪的時刻。（十二年級的英語老師描述她在班級授課時遇到的情況。訪談記錄，2012/08/26）

老師們擔心青少年學生會起而效法，利用課餘時間向學生們講述珍惜生命的重要性。達賴喇嘛對自焚行動表示不支持也不責備的立場[27]。自焚人數節節升高，流亡政府，以及以西藏獨立為目標的社運團體持續對中國政府的行為發動譴責、發起燭光追思遊行、在國際上進行遊說行動。流亡西藏社會內部的媒體報導中國對此採取更嚴格的集體行動管制與防止，這些校外的行動與論述均在年輕學生的心靈激起更多憤慨，甚至引起一些學業成績表現優秀的高年級學生輟學，「為了替西藏做更多的事，在學校裡我作不了」。

但是，一個人的生命不應該只是為了國族身分而存在。

27 〈達賴喇嘛：自焚事件很難用對與錯來判定〉。http://www.vot.org/?p=9016

參與養成激進分子

訴諸國際輿論是操作西藏議題時常用的路徑，我在田野期間參與了三一〇西藏抗暴日大遊行，遊行從上達蘭薩拉的大昭寺出發，一路走到下達蘭薩拉地方警察局對面的小型商業廣場。一路上人們所喊的口號除了祈禱達賴喇嘛長壽，也包含了「中國人滾出西藏」、「醒醒吧聯合國」這樣的訴求。不管是學生或者流亡社群的成員，對於中國的了解都是不足的。

我的流亡經驗讓我經歷了不同的社會背景，第一，這裡的印度人，儘管經濟條件不好，甚至在貧窮當中僅能維持生活，但他們有樂觀的心。當然，藏人也有樂觀的心，但那些事情發生在西藏境內與境外，我們藏人又怎麼能打從心底快樂起來呢？第二，作為一個西藏人，我感覺自己完全被欺騙了，這世界上千千萬萬個人都只是旁觀我們艱困的處境，沒人關心在他們周圍發生些什麼事情。我接受中國人製造那些便宜的產品，但世界上的人怎能容許這樣的事情發生呢？當他們談論自由、正義、解放，和所有正確的事情，這麼說實在令人感到羞恥，但這畢竟是事實。……因為流亡，西藏得以和外面的世界連繫，讓我們得到高品質的教育，但也因為流亡，我們停留在黑暗中。當我們衡量所有優點和缺點，我們絕對是被紅色中國給騙了，我痛恨他們在西藏境內欺騙藏人的方式，他們是無恥、沾滿鮮血的人。（作文編

號〇一八）

不管這些「西藏未來的種籽」如何實現他們的願望，這套敘事所向披靡定義了年輕的心靈和參與教育的行動者。流亡西藏學校的孩子在心理負擔上本就有容易抑鬱的因子，從西藏來的學生比出生在定居營區的更甚[28]。在閱讀許多學校出版的宣傳手冊、教師手冊，以及第十四世達賴喇嘛的演講實錄與其親自撰寫著作之後，我才發現到流亡學校裡的師生所使用的話語，許多直接引用自第十四世達賴喇嘛曾經發表的演講或者文章，例如：「一九五九年，我失去了自己的國家」、「孩童是西藏未來的種籽」等等，這是造成重複話語的主因。許多學生寫出「我必須用功讀書，將來才能將自己的國家奪回來」（**I have to study hard in order to get our country back in the future**）這樣的話語邏輯，將自己的課業表現與收復國土產生關聯。

> 我在二〇〇二年來到流亡社會，我抵達印度的時候是一個純真、未接受過教育、沒有使命也沒有身分認同的年輕人，我甚至完全不知道這世上有一個被中國占領的國家叫做西

28 Evans, Dabney, David Buxton, Andrey Borisov, Amita Manatunga, Dawa Ngodup, and Charles Raison. (2008). 'Shattered Shangri-La: Differences in Depressive and Anxiety Symptoms in Students Born in Tibet Compared to Tibetan Students Born in Exile'. *Social Psychiatry and Psychiatric Epidemiology 43*: 429-36.

藏，也不知道我的身分認同是一名「西藏人」。雖然我得到了受教育的機會，這一切都要感謝達賴喇嘛。但在我的心中總是存在深深的憂愁，這樣的心情鼓舞我用功學習，成為一個好人。這份憂愁來自我是一個沒有國家的人，以及和父母親分離的痛苦。我一直想回到我的家鄉，那個自然資源充沛、受偉大的喇嘛與學者們祝福之地。我永遠記得那些美麗的河流、乾淨的海子、山上那些友善的野生動物，以及在廣闊長青的草原上放牧的牧民。（作文編號〇二九）

從溫柔的想念到採取行動解決本身的憂慮與憤懣，或也可以成為定義教育成功與否的標準。一位出生於印度，目前就讀十年級的流亡西藏男學生想參加美國海軍陸戰隊，學習先進的國防科技、建立強大的軍隊以擊敗中國。

我對於身為藏人感到羞恥，藏人沒有自由，生而為難民，自己的國家就在這座喜馬拉雅山後面，卻害怕中國人。從我出生到現在，我只有在照片中看過自己的國家，只能眼睜睜看著那些人在西藏自焚，除了祈禱之外，什麼也不能做。但行動比言語更有力，所以我決定未來要加入美軍陸戰隊，如此我就可以打敗那些一九五九年至今入侵我們的國家直到現在的中國人。當中國占領我們的家園時，大部分對抗中國軍隊的戰士都是和尚，多麼羞恥啊。我想

老人的眼神在凝視何處？

遠處能夠抵達卻不能返回的故土

要用武器和生化武器反擊這些中國人，我會做這件事的，不管有多少個中國人，我將會把我們的自由給奪回來。就像印度受英國殖民統治了近兩百年，假如我踏上甘地的道路，一條和平的道路，那會造成了千上萬的人們被英國軍隊殺死，我不想要那樣的事情發生在我的國家和人民。流亡的生活比地獄裡的生活更糟。（作文編號二七）

在班級互動中，我問受訪學生：「你認為自己是難民嗎？」「是的，我在一九五九年失去了自己的國家。」「一九五九年妳都還沒出生啊？」「但我的國家在那一年被中共入侵占領了啊！」學生在我的反問之後露出疑惑的笑容。學生的回答顯示出這種建立在學校正式課程當中的歷史敘事形構出的離散意識，使得他跳脫自己的生命時序，以流亡西藏共同體一員的身分回答了我的提問。或許正因為這些孩子完全倚靠流亡西藏作為一個國家的支持才能生活與完成學業，因此國家和自我變得密不可分吧？

像風一樣溫柔

在教育現場扮演某些角色的道德責任限制中，我們總會把為幼小的同伴找出口視為自己的責任。生命自然會找到出口，我在放假散步的時候和山谷中的英軍墓碑沉默對談，思索愛與慈悲是否有極限，以及遷徙的盡頭。微風吹過山谷，聽不見一個字，聽到的是自己的聲音。

「一九五九年中國入侵西藏導致失國」，任何一個學生不論是在課堂演講、發言、辯論賽、寫作與談話當中都能朗朗上口。類似的話語，年長一輩的臺灣人絕對不陌生。我在學校做田野調查時也取學生作文作文本分析，其中中國的侵略行為造就現代西藏民族主義的萌芽，西藏與中國在學生的話語論述當中經常是並置出現的，中國被稱之為紅色中國（Red China，紅色意指共產黨），且所扮演的角色往往是「入侵」（invade）、「占領」（occupy）、「虐待」（torture）、「毆打」（beat）、「過度開發」（over develop）、「剝削」（exploit），對象是「過去的西藏」、「那些還留在境內的西藏人」以及「西藏的自然資源」，今日西藏在學生的筆下呈現出「沒有自由、沒有平等的權利」、「不能信奉自己的宗教，甚至不能掛出達賴喇嘛的照片」、「受玷汙的雪域」等形象，許多學生在文章結尾處寫上「西藏勝利！」（Bhod Gya lo!）、「自由西藏！」（Free Tibet!）、「真理得勝！」（Truth Triumph!）等口號。對照臺灣，流亡西藏是在中國作為最強大的他者基礎上以敵對的方式建構我群認同，臺灣則是在與中國刻意做出區隔的情境下發展出中華文明的嫡系論述，兩者異曲同工，躲不掉冷戰的主旋律。當國民黨政府以主權在台的論述繼續統治中華民國，並且在市場化與民主運動推展過程中逐漸邁向臺灣本土化；流亡西藏在印度始終只能以難民自治組織的方式延續共同體意識，並且面臨中國與印度經貿往來與外交關係上越來越密切所帶來的壓力。在中國境內，許多人認為藏人自焚是極端行為，難以理解背後的合理邏輯性，因此有不少傳聞說是海外的流亡藏人組織雇用失業或者貧窮的藏人從是自焚以換取高僧為他們祝頌讓他們的下一世能夠更快從輪迴中解脫，或者會有金錢賠償流向死者的家屬，以此作為交換。基於物質交換來想像這個在中國之外被視為神聖性的行為。

學生問我：「西藏面臨中國的壓迫已經有五十多年，為什麼聯合國對於這樣的情況置之不理？」來自西藏的學生言之鑿鑿地陳述中共在西藏所造就的環境破壞與在寺院成立管理委員會的訊息。中共僭越佛教神聖秩序以全面控制意識形態的舉措深深激怒了藏人，他們將此視為最嚴重的壓迫行為。對佛教的蔑視與打壓，在以藏傳佛教為核心的官方西藏民族主義意識形態中，是比妨害人身安全更嚴重的罪行。學生們在聯合國的行為上發現了課本上所記載的政治正確內容並不符合現實，然而，他們的老師也沒有辦法提供合理的回答，因為這也是他們腦海中多年的疑問。流亡西藏教育希望培養出對流亡西藏所揭櫫的神聖象徵高度認同，甚至能夠效忠不渝的現代知識分子、運動者與具備公民情感和意識的大眾，它同時也培育出一批具有懷疑精神，反對權威的新世代。

有時候我覺得難民之於藏人，是一種經歷學習與團體操演練習之後取起來扮演的身分。那個身分的展演行為關係到他們不確定的未來，使得他們不得不慣於以這種類型的身段被凝視。我站在舞台邊看著他們在前台與後台順暢熟練、饒富毅力地一年年完成儀式性的對外政治行動，對內社會發展所討論的議題更加多元與複雜。我所在意的，是他們能不能夠在某些時刻卸下這個身分，做一個普通的人，擁有單純的幸福。

即便是難民，即便是身處在流亡當中，也可以展露笑顏、可以輕鬆地想像未來、可以自由地追求自己想要的幸福——我想我真正期待的是在教育的場合能夠告訴學生們，做你自己就夠了。語言會改變，想說的話卻是一樣。

第二章 流亡社群的形狀

2-1 沒有土地，就沒有家園

根據二〇一一年藏人行政中央的人口統計調查，約有十一萬多名西藏政治難民居住在印度。西藏難民和印度國內的其他難民不同，不僅擁有自由移動與工作的權利，登記居住在三十九個復康定居營區的西藏難民，定居營區所在的十個邦政府提供難民房屋與土地，讓他們從事農業或者手工業生產的方式掙得生活所需。中央政府並在定居營區以印度稅收建立與營運藏人中央學校（Central Tibetan School），為西藏難民提供免費教育。除此之外，某些邦政府，例如三個大型農業定居營區所在的卡納塔卡邦還給予難民和一般低收入印度公民一樣的糧食配給卡（ration card），讓他們能夠以極低廉的價格購買必須的米、麵粉、達爾（Dahl，印度人飲食中的穀物類型總稱，蛋白質主要來源）等生活必需物資。

土地與房屋的分配是以每一組單位三十二貢札（四十貢札〔gunta〕＝一英畝〔acre〕）的耕地、一間兩室平房（一室可容納三人，一室兩人）、和八貢札的廚房與衛浴建築面積組成。難民以五人為單位住進印度政府免費興建提供的磚造瓦頂平房，一名成年人可耕地的配額大約是一英畝，法源依據該邦政府的核准命令，或者根據法定佃租文件（Rights, Tenancy and Crops，又稱RTC）來證明自己的使用權，每年按照該邦的法規繳交土地收益稅。

早期來到定居營區的未必是家庭，有許多人是單身，或者是一對夫妻，那麼就得與人數較多的家族併房。只有在定居營區設立當時加入的人才能分配到房屋與耕地，晚來的人是分配不到的。也有另一些人即使在定居營區出生成長，成年後仍然分不到耕地。這是因為過去五十多年來定居營區的人口逐漸成長，根據藏人行政中央內政部（Home Department, Central Tibetan Administration）的規定，老一輩死後的土地按長幼順序繼承，因此一個包含了奶奶、爸爸、媽媽和五個孩子的大家庭，若老大到老三沒有人放棄繼承，老四和老五註定分不到土地，必須另謀生計。例如拜拉庫比（Bylakuppe）營區的土地原本只足夠三千人定居，二〇一〇年人口已超過一萬兩千人，加上難民身分與國際連結容易，無地難民是大量西藏難民偷渡出國、渴望移居西方的其中一個推力。

這些可耕地並非既有的農地，通常位於印度農村與森林的邊緣，西藏難民開墾後將林地整理為耕地。雖然土地地利肥沃，因為距離主要河流太遠，用慈善捐款興建的蓄水水壩也依靠降雨量，大多數的耕地都還是以雨水灌溉，因此耕種的項目選擇與收穫次數受到極大限制。儘管各定居營區都成立了生產合作社幫助農民統一購買種子肥料等、集中各家收穫量與盤商議價，並且集

站在合作社儲糧小屋前的夫婦

資購買拖拉機供合作社社員使用，但每年收益依然有限。

生產合作社也提供社員儲蓄，再利用這些資金轉投資於城市經營飯店、旅館等產業，創造更多就業機會，並且為社員家庭提供子女獎學金等福利。然而合作社能經營的項目與職位還是有限，農業定居營區主要還是依靠農業，只是如今樣樣都需要現金，農業收入早已不敷家戶支出。

由於無法突破雨量的限制，多數難民定居營區的耕地以玉米為主要作物，印度中部的定居營區耕地則另外還種一些少量的達爾，印度東北的營區則種一些水果與香料。定居營區的乳品營銷合作社主要供給定居營區自用，甚少外銷。以玉米為例，農耕活動穩定後每英畝每年的產量大約是二千五百公斤，每公斤的市價僅在八到十二盧比之間，這導致難民必須另謀生路以賺取更多現金收入。

早期難民沒有做生意的資本，在定居營區內靠外援建立起手工藝生產中心製造羊毛地毯等奢侈品外銷，或每年冬季利用四個月時間離開營區前往印度各大一線城市或二線城市做毛衣生意——最早是自行生產手織毛衣，後來多半是從印度著名的紡織品生產中心盧迪亞納（Ludhiana）批來毛衣、披肩（有時還貼上Made in Tibet的貼紙），在城市裡的圖博市場（Tibetan Bazaar）或租借街道旁的暫時攤位販售。不管是農耕或賣毛衣，大多數人都需要看天吃飯。這種不確定性也構成了人口外移，利用人際網絡或者偷渡集團前往已開發國家賺取較高工資的另一項推力。

可能是因為難民身分的不安全感，也可能是早年大家都認為族群必須很快地強大健壯起來才能返回家園，多數的西藏難民給人的印象都是拚命工作努力掙錢給家人更好的生活，特別是剛開始搬到定居營區，必須從砍樹、燒地、撿柴、攢錢給成長中的孩子買衣服買鞋，小心計算著這一頓與下一頓能否餵飽一家人的前二十年。

從一家人的大合照當中你通常可以清楚地看到，年紀最大的孩子身材通常比最小的孩子矮小許多，年紀最大的孩子也通常沒能在學校待太久，他們把讀書的機會讓給了弟弟妹妹。第一代出生在定居營區的西藏看起來跟附近的印度農民非常相似：黝黑粗糙的皮膚、細瘦有力的手腳、行動時身體的韻律與姿態。

在南印大地，即便是從肥沃農區的貢布或德格來的農夫也要面對這跟家鄉完全不同的氣候與土壤，更別說是來自牧區的游牧人——成為難民後為了生存所從事的農耕活動與飲食習慣改變了西藏人的面貌。混合現金收入的短期工作與農耕、畜牧更是改變了社會組織型態和職業身分認同。當年騎著馬跨過山口從錫金進入印度的康巴漢子，現在已經變成駝著背的老人，一年四季穿著塑膠拖鞋和過寬的西裝長褲；那為圖博打過仗的戰士，現在在定居營學校裡安靜地看門。

為了求生存，或者滿足對更好的物質生活的嚮往，在定居的生活型態軌跡上，他們又不得不再一次流動，子女的養育與教育只好暫時託付給祖父母。個別家戶的收入改善卻未造就整體的發展，更多的是各家先富起來，在富強壯大的進展上考慮不及整體的社區利益，甚至是藏人行政中央的規定。法定佃租文件最初簽訂的對象是邦政府與個別家戶，那些移民國外的西藏外國公民違反藏人行政中央的規定將土地轉讓給沒有土地的西藏難民。藏人行政中央沒有警察，沒有偵查權和懲罰的機制，藏人行政中央設在定居營區的行政辦公室只能執行流亡藏人法庭的裁判，然而這種根據口頭協定造成不同階級西藏之間的糾紛綿延不斷。或者那些早已有了豐厚收入的西藏家庭仍然留著家裡的女眷在定居營區守著老人和小孩，缺乏勞動力耕作的土地便轉租給印度人耕種，因為轉租給西藏人只能收取每年每英畝五百盧比的租金，但若是轉租給喀拉拉邦（Kerala）的薑農卻可以收取七十到八十萬盧比的年收，這也同時引發了卡納塔卡邦當地農村民眾的抗議。

由於藏傳佛教與達賴喇嘛的國際影響力，流入西藏難民定居營區的慈善收入往往超過當地

南部定居營區的農地與鄰近農村相接，從地景上看起來並無二致

定居營區最初印度政府建的磚房

移工匯寄金錢建造起來的現代水泥房舍，有住宅也有營業場所

的農村的年生產所得（雖然投資在寺院上的往往比改善常民生活還多，某些仁波切還是會進行所得重分配用於修路、改善學校與飲水設施），或者由於西藏比起他們的印度鄰居總有更多管道可以賺錢，而且是賺大錢，使得當地印度農村的政客與有心人士分外眼紅。在一般人際交往的層次上，不若北印的達蘭薩拉，南印農業性質的定居營區與附近的農村居民多數是和睦的。當難民復康作用的土地成為商品買賣，當難民的定居營區蓋起如飯店華麗的住家，當某些難民學起印度富人從貧窮的邦帶來童工在餐廳裡工作或擔任老人看護，族群間的貧富差距與對公民（citizen）與長居民（denizen）身分的想像又掀起了爭議與對立，這其中，最脆弱的仍然是那些沒有土地又走不出去的西藏難民。

貧富差距、有地與無地容身的階級、地方社會網絡的有無、走出屯墾區外生存發展的能力等，都會決定流亡藏人最後選擇建立家園的位置與方式。然而定居屯墾區本身發展的限制，包括地理位置與氣候影響農作、可以循環利用的資源與資金、還有年輕勞動力流失的狀況則影響著屯墾定居營區當地經濟的活絡程度與人口變化。

藏語的稱謂跟華語類似，將家族稱謂沿用到陌生人身上：和自己年紀差不多的稱哥哥姊姊，和自己父母親年紀相仿的就稱Amala（媽媽）和Pala（爸爸）[1]，年紀小的則稱男孩和女孩，「la」是一種敬稱。現在在定居營區很少聽到這些爸爸媽媽的稱呼了，因為年輕人口早已外流，剩下的都是爺爺奶奶，或者多年來共同生活的老鄰居。藏人行政中央也曾經想過要將達蘭薩拉地區無住所無職的年輕人口集合並鼓勵他們移往定居營區，甚至在定居營區推行多次就業計畫比如建立服務中心，但這些計畫後來都沒有成功。

在微雨的拜拉庫比丘陵地上，廢耕的田野連綿排列到橡樹林的邊緣。鄰近的庫格（Coorg）咖啡園、香料產地和渡假區為這個藏人定居營區帶來了人潮，金碧輝煌的藏傳佛教寺廟則吸引了眾多來自喀拉拉邦、泰米爾納德邦（Tamil Nadu）的旅行團，和在班加羅爾工作利用週末自駕遊的科技新貴，做遊客的生意變得有利可圖。南方定居營區因為成功的佛法佛寺與佛學教育復興運

1　藏語習慣中也有用媽媽和爸爸作為習慣稱呼不熟悉但表示尊敬的人，類似阿姨和叔叔。

營區中的長者在二〇一二年還保持著康巴男士的傳統髮型

動成為朝聖者與觀光客的寵兒，藏人開始經營餐飲紀念品等旅遊產業，過去密集耕作的農田轉成粗放的果園或其他用途，年長的老人也多半無法再繼續耕種。生產合作社依然提供土地出租的服務，讓有地但無人耕作的農田集合起來供人承租免於廢耕。

雨水溼潤了土地，土地上不長作物讓人憂鬱，如今那些勤勞的西藏在哪裡？定居營區裡華麗的兩三層舒適家屋可能是海市蜃樓，印度政府有權因應開發計畫（例如成立經濟特區）收回土地，讓西藏難民另遷他處，僅僅補償相同面積或更大的土地，不包含地上建物。當年坐在紅磚瓦屋簷下忍耐著雨季漏水的自由鬥士們，親手種下的菩提樹已經長至三層樓高，濃密的柏樹遮住了房屋的窗眼，草原上夏季野餐的帳篷如今搭在了自家花園。西藏開枝散葉，

在表演藝術中心每年搬演藏戲會場上欣賞演出的長者

南部定居營區和北部達蘭薩拉城鎮有截然不同的地景與生活型態

去到了地球上許多國家，卻一直沒能回家。也有西藏人已經將印度當成了自己的家，他們說：「就算有一天我們能回去了，我也不想走了。」

這是一群因為流亡而被限制了流動性（mobility）的人，西藏難民成為了印度境內和國際旅人，過去延續固定路線游牧的鬆散社會關係或者以性別分工的不同生計模式變遷成如今的樣貌，社群依然在發展，家與家園的領域性與邊界越趨模糊。感性所不能克服的或許是變更最初出發時的願望，如何將它們誠實地調整成現在、此世、此刻、非永恆的性質。

南印度那麼熱，Amala的藏服裡面早就不穿襯衫，沒有人再穿羊毛做的藏袍。Pala在小區裡的雜貨店前面，和同伴坐著肥料袋的卡墊，重重地把Sho[2]的骰子擲在塑料鞋墊代替氂牛皮所做成的圓墊上，裡頭填的不再是自家收成的羊毛，邊緣裝飾著印度工廠所生產的藏式花紋布料。只有舊錢幣還是西藏的，只有貝殼還是來自遠方。在南印看過的太陽比在西藏看過的還多，在南印聽過的飛鳥比在西藏的還清楚，南印的天空和西藏的不是同一個顏色。藏人難民學校教的是標準化之後的藏語，新世代已不太會說康巴和安多的語言；當不同地方的西藏聚在一起，談笑使用的藏語夾雜許多印地語。

那麼還有什麼是家鄉的？除了頭上髮辮紮的紅絲繩，除了耳上掛的金耳環，除了那些逐漸被

2 一種擲骰子比大小的傳統賭博遊戲。

遺忘的故事，那顆六十多年來從未停止思念的心。

Amala穿過一樹盛開的火紅鳳凰花，駝著背慢慢地走過來用藏語問我：Bhumo（女孩），妳要去哪裡呀？我想問六十年前的那個女孩，妳可知道妳要去什麼地方？

我們一起走在乾燥溫暖的南方農田小路上，聽見土地無語，卻最大聲。

2-2 難民製造

一九四〇年代初期到一九五〇年代末期，由東往西超過二十年的軍事衝突與社會騷動，更換政府後的政治改造，使得許多藏人離開了穩固循環的生命歷程。當時浮動的社會結構和多重政治勢力介入為他們開放了新的機會，也帶來以往從未經驗過的限制與壓迫，程度之大不管是什麼階級都不能倖免。社會、政治、環境與文化的變遷不是一夕之間因為一支軍隊占領或者一場戰役的發生就能完成，它有漫長的醞釀過程、歷史事件的隨機性與因果關聯的必然性、變化與變化之間環環相扣。

一九五〇年代是西藏社會從同一區域到開展散落到全球的關鍵時期，在經歷了十多年對漢軍事政權的大小衝突後，許多富裕、小康家庭決定往南尋找更安全的貿易、投資與居住地點。現今在舊德里、大吉嶺、達旺、尼泊爾居住著許多擁有印度或者尼泊爾國籍的藏人，他們的曾祖父母或曾曾祖父母在一九四〇年代末期到一九五〇年代初期南遷。不管他們是在一九四七年前後在南

在藏人難民定居營區受雇的印度移工家庭

亞後殖民民族國家成立時與當時因為衝突而移動的族群一起成為新獨立國家的公民，並且申請了土地所有權，或者是之後理解自己的公民權而申請了公民身分證明，他們都沒有作為「無國籍者」的問題。因此，今日居住在南亞印度、尼泊爾、不丹等地的藏人，不一定都是「政治難民」。

那麼難民製造的意義究竟是什麼？難民製造表示難民能夠創造經濟價值，有自立與促進地方經濟的正面效應；它也代表了將難民身分變成消費內容的一部分，希望這個身分能夠引起消費者的尊敬或者同情進而掏錢購買；它也可能是一種區隔市場的策略，特別標記出某項物品與生意的族群特質。

藏人難民除了務農和在冬季前往城市賣毛衣[3]，亦有少數人攢聚或借貸資本開設小型工廠製造食品與手工藝品。由於投入製麵的成本不高，產品銷售市場穩定，製麵正是一項受歡迎的營生。

藏人餐廳裡的麵條

在廣大的西藏，麵條（Thupak）與麵片（Thentuk）並非普及的食品，它主要盛行於藏東與中國接壤的地區。在藏語中，食用麵食的動詞是「喝」，由此可知這些麵食是以湯麵的形式傳入藏地，其烹調和製造的方式隨著藏人的飲食喜好產生變化，而成為藏人飲食的一部分。我記得拉薩小茶館裡便宜的兩塊錢（人民幣）藏麵是煮熟的麵條加上紅燒口味的羊肉湯或牛肉湯，上面再放一些碎肉和蔥末。同樣的麵食可以在從西藏來的廚師手中重現。我在中國四川做過一陣子田野調查研究，也在青海、蘭州待過一段時間，每當我驚喜地發現藏人餐館菜單上有哨子麵、拉麵或

3　例如：潘美玲（二〇一八），〈在市場中實踐「西藏意識」：印度、尼泊爾流亡藏人的難民經濟〉，《文化研究》第二十七期，頁五九—八六。潘美玲（二〇一一），〈流離的道德經濟：流亡印度的藏人毛衣市場與協會〉，《臺灣社會學刊》第四十六期，頁一—五五。

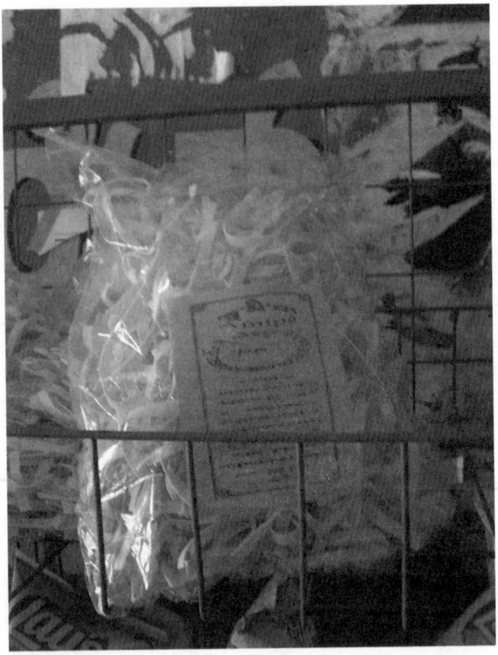

定居營區發展出來的小型製造業包含製麵，麵食也在藏人圈之外以異國或中式飲食的角色大受歡迎

抄手麵（有時還有包子稀飯），總是不合時宜地勾起我許多鄉愁與喜悅。在印度的流亡藏人社區，一般餐館供應的麵條和麵片則已經換成印度一般習慣的分類：素食或葷食。前者加入白菜、紅蘿蔔、青蔥，後者加入羊肉末或肉片。

炒麵也是印度人熟知的幾種「中國菜」之一，因此新鮮或乾燥麵條的供應不僅可以滿足居住在印度的藏人需求，也可以進入印度餐廳小吃店的廚房。幾乎在每個藏人定居營區或學校附近的社區都可以發現一家到四、五家製麵廠，這些製麵廠多半是家庭經營，員工不超過三人。康巴人喜歡的麵條口味跟拉薩人喜歡的麵條口味與粗細大不相同，主要在於蛋的比例。不同定居營區使用的小麥口感和生產期間的氣候狀況也會使得麵條和麵片口味略有差異，雜貨店、餐廳和家戶會指認包裝上的製麵廠標籤，直接向麵廠訂購。

來自葛倫堡（Kalimpong）定居營區的粉絲供應傳統藏式飲食

你幾乎可以從一家餐館的菜單分辨煮食的藏人是來自西藏或出生於流亡，從藏人廚師製作的食物當中去尋找近似的口味，那並非區別地域或者純正與否的作用，而是你可以猜得出廚師去過什麼地方，猜測他們某些偏好的理由。我曾在南印度一家小餐館裡吃到和拉薩周圍農村製作的冷藏酸奶一模一樣的口味，一問之下發現餐館廚師夫婦是在二〇〇六年流亡印度。當然更多時候是在品嘗之後與廚師交流。現代化的餐廳當中已經很少能夠見到藏人師傅，在德里或者巴黎，熟知口味的廚師通常經過藏人師傅的訓練，湯麵或者其他菜餚在他們的變化中也加上了他們自己的風格。美食總是不斷演化，是不是難民不再重要。

涼粉和辣椒

除了麵，藏人還需要「粉」（Pin），透明的粉絲可以和蔬菜或蘑菇一起烹煮，或者加入高壓鍋烹製的牛肉或羊肉湯中。麵粉、豌豆麵（粉末）做的黃色涼粉拌上食鹽、醬油和辣椒，就像夏天西寧街上受歡迎的小吃。達蘭薩拉的麥羅肯機（McLeod Ganj）街頭和新德里西藏村（Majnu ka Tila）街邊一年四季擺著從中國運到尼泊爾再到印度的各種粉絲、麻辣火鍋湯底、四川郫縣豆瓣醬、午餐肉罐頭、牛肉醬等等。流亡後，大吉嶺的藏人定居營區因占自然環境之便開始種植生產綠豆粉、花椒、木耳，這些產品透過藏人自己的網絡銷往各個定居營區。當我剛搬到德里的時候，常會去西藏村採購這些木耳、麵條和辣椒醬。

如果你曾經去過達蘭薩拉或者定居營區裡的雜貨商店，或許會注意到牆上琳琅滿目的辣醬。辣椒並不是藏式料理必要的香料，但辣椒非常適合印度的氣候，除了溫暖身體、除肉腥味還能開胃。居住在錫金和尼泊爾的藏人，製作的辣椒醬或辣椒麵這些年來也有了自己的品牌。在藏人開設的雜貨店，你可以發現好幾排半透明塑膠罐裝叫做 Tenzin 或者 Tsering 的家傳配方辣椒醬，上面以透明膠帶貼著自製的名片標籤。但我認為最美味的還是尼泊爾博卡拉藏人家裡自己種、自己曬，再用石墨磨成粉的辣椒粉，在陪伴老師出訪南方寺院時，曾經有幸獲得僧侶贈與一些自家製的辣椒粉，不油不鹹搭配各種料理都能提味。

定居營區新發展的零食小型手工作品，使用傳統印度甜食概念改進成更衛生的小包裝販售

我去英國讀書的時候也帶過這些辣椒醬，並且和來自青海的西藏同學分享。他吃不慣印度藏區的產品，來自北印度的同學倒是吃得津津有味。自家製辣椒醬對我來說是難民在異鄉創作出的獨特氣味，在他鄉企圖製造出家鄉感覺時，嚐一口就能達成目的的飲食。

玉米糌粑

西藏最普遍也最傳統的飲食糌粑（Tsampa）和肉（Shya）也改換了面貌。糌粑的原料青稞，也就是高原大麥在印度並不常見。在印度山區，人們種植大麥的目的通常是用來作為雨季時給牛羊的存糧。流亡後的藏人改用小麥或玉米等等定居營區容易取得的作物，曬乾、磨粉、炒熟製成糌粑粉。糌粑受歡迎的吃法也從揉合馬茶、鹽和酥油（犛牛奶油）的口袋乾糧，變成奶茶加上奶油後再放入糌粑的稠粥（Tsamtuk）。糌粑在文化行銷上也扮演了重要的角色，由於它具有代表西藏傳統飲食的象徵地位，許多提供遊客消費的烘焙坊會使用糌粑來製作西點蛋糕，吸引人嘗鮮，也讓顧客認為這是一種表達支持的方式。玉米糌粑是難民適應環境的發明，在氣候和主流宗教戒律都跟遊牧族群生活不同的地方用創意和毅力重新詮釋傳統。相比之下，居住在高山地區的藏人就更容易取得接近家鄉的飲食，來自阿魯納恰爾（Arunachal）邦藏人定居營區的朋友用手抓捏糌粑輕輕鬆鬆，村中田地固定有一部分用來種植儀式與日常所需要的大麥。

大多數藏人不吃魚，也不吃有爪子的動物。過去在牧區用水煮簡單烹調的肉塊，人們用隨身的小刀削來食用。現在印度家家戶戶必備的，用來做雞肉瑪薩拉（Chicken masala）或者羊肉印度香飯（Mutton biryani）的高壓鍋，藏人用來做肉。藏語中香料這個字包含各種調料，在拉薩，咖哩一直是一種街頭流行的速食。如此一來，流亡的藏人喜歡上印度的各種肉食烹調混和香料粉（瑪薩拉）也就不令人感到意外。在印度許多邦頒布禁屠牛肉令下，大多數藏人社群還是有管道可以取得牛肉。藏人取得牛肉的方式並非是和伊斯蘭社群購買，除了自身養殖，他們通常是黑市肉最大的消費群體，購入水牛和乳牛肉。在大部分禁止食用牛肉的地區，羊肉是檯面上合法的葷食，牛肉則是家中烹調的主角。特別是在南印度的農業定居營區，藏人消費印度農村衰老淘汰的耕牛與乳牛，黑市牛肉價格往往比公開市場上的雞肉價格低廉。

手工藝品

除了飲食，藏人自己的宗教信仰需求、來訪的香客和觀光客也催生了手工藝製造業。製香、唐卡繪畫、木工、風馬旗的製作等等滿足寺院與民生的需求，其中唐卡與藏香也成為受歡迎的外銷品。特別是近年來，由於中國的藏傳佛教徒大量增加，印度流亡藏人繪製、有達賴喇嘛或者大寶法王簽名的唐卡在中國市場上可以賣到相當高的價格。西藏手工藝合作社（Tibet Handicraft Center）開始於一九六三年，原名西藏婦女手工藝合作社（Tibetan Women's Handicraft Center），合作社於一九六九年正式向印度政府註冊，去掉了名稱中的Women's。從六〇到九〇年代初期，幾乎每個藏人定居營區都有手工藝合作社的分支工廠，地毯是主要的商品，後來亦囊括了製香、佛像鍛造與唐卡繪畫、唐卡裱裝與裁縫，以及售價較為低廉的西藏風格家飾品。

一條地毯從打樣、手織、剪毛到完工，至少需要一個月，織工以結數計算工資，上下班時間彈性。在七〇到八〇年代，家中的母親在手工藝合作社織地毯，父親在軍隊當兵，是許多定居營區家庭的收入圖像。手工藝合作社強調自己的產品優秀耐用，呼籲消費者以購買代替援助。在地毯廠營運的高峰期，喜馬偕爾邦政府曾聘請藏人難民技師指導當地慣於編織圍巾披肩的印度人織

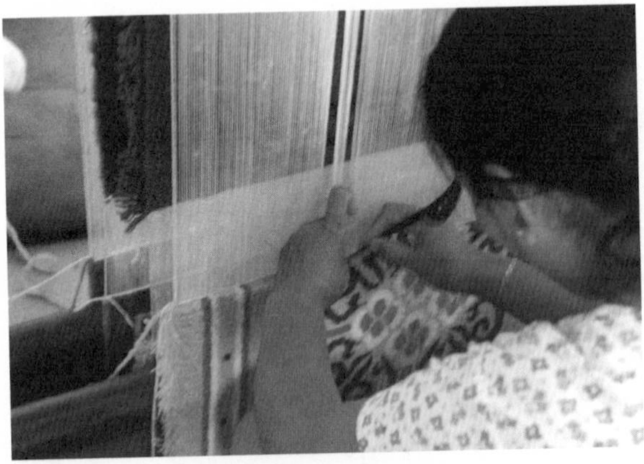

製造羊毛地毯是一項歷史悠久且知名的藏人難民手藝

這項製造產線因為缺工也開始雇用當地印度婦女

完工前的剪毛是最需要經驗和技術的步驟

地毯創造更多收入。九〇年代後期國外的訂單急遽減少，同時藏人出國打工者眾，多數定居營區內的地毯製造廠現已關閉，或者縮小編制並加入印度織工。在麥羅肯機鎮上度母圓環（Dolma Chok）附近的手工藝合作社，你仍然可以見到這些婦女的身影——工廠仍然是從西藏剛到印度，缺乏語言能力與學歷的女性庇護工作場所。

除了地毯，私人扶植的手工造紙和琉璃珠工廠也曾經取得商業成功。琉璃珠是丹麥朝聖者希望以技術代替援助培育地方創立的工坊，名為塔拉（Tara）的品牌曾經創作出非常多美麗的作品。手工造紙也是一家人透過技術培力援助系統支持後開始進行紙類回收、加上天然樹葉花朵後再染色創作裝訂成精緻的筆記本和卡片。觀光盛行後流亡社群的重要文化、社運組織甚至是完全私營性質的商號工坊都紛紛製作出自己品牌的特殊紀念藝品，將難民製造的品質、設計感和商品加值毛利都提升了層次。這些小小的產業或許未必全都雇用藏人生產製作，但確實創造了許多工作機會。從一開始滿足藏人社群本身的需求，要轉化知識和文化元素創造新形態的商品。

我理解那些貼著「Made in Tibet」標籤的印度製圍巾其實代表著藏人用他們的眼光選品的價值，我佩服那些有著企業家精神的獨立創業藏人難民，不管他們做的是麵條、線香、馬克杯、筆記本、印有西藏國旗或者標語的設計服飾、冥想座墊、手提包、油炸點心或者銀飾。這些轉化能夠存在除了藏人社群本身的消費、全球佛教徒與佛教設施對於這些主題藝品的需求，也跟流行文化將特殊族群色彩當作靈感來源有關。在印度城市中的藏人透過這些商業活動標誌出自己獨特的象徵，也出現在印度影視作品當中，受到年輕人的歡迎。

在地化與創新

在南印度的霍蘇爾（Honsur）和穆恩德戈德（Mungod）藏人定居營區有一些製造點心的小型工廠，這些爆米花、油炸圈、香豆（imli）甜食通常只供應鄰近地區的食品雜貨店，是地方上的隱藏版美食。小型工廠設置很簡單，七個藏人大姐坐在樹下，圍著兩鍋甜味的香豆忙著打包，一邊阻止一隻叫做小月（Dawa）的母牛發饞靠得太近。大姐們從週一到週六每天工作六小時，每人每天工資一百五十盧比。由於負擔不起貨物進入跨邦市場的商品稅，也因為在藏人定居營區當中一群固定消費者支持，一個小企業的規模只能到達這樣。然而這些小工廠卻標誌出有趣的經濟發展新方向，製造出來的商品已經完全跟西藏文化無關，商人創業脫離所謂復興文化等等的意識形態論述，不一定要什麼事情都與延續西藏文化的未來有關。

藏人過去是農人、牧人，精明的商人，現在他們在印度或者歐美受教育後進入各行各業，但在核心難民社群當中，你很難看到一名菁英願意放棄移民西方，作為難民持續貢獻社群。身為難民的難處是你不知道何時要離開你現在親手建立的一切，當你在一個地方扎根營生，你害怕去想有一天不得不離開。房屋、牛羊、家人和寺院，藏人一路拋棄珍貴之物抵達生存。手工藝產業的沒落象徵保存傳統文化的政治考量，募款策略必須回到人生存的現實處境——藏人作為政治難民在這個「長久的暫時」當中該如何考量社群整體發展的前景[4]？藏人難民幸運地在印度擁有工作

4 這個「長久的暫時」是否能有結束的一天？對此學者們有不同觀點，認為藏人可能將公民身分協商作為一種日常抵抗，也有呼籲印度政府改變治理策略，可參考：Madhura Balasubramaniam & Sonika Gupta (2021): *Disciplining Statelessness: Fragmentary Outcomes of the Tibetan Rehabilitation Policy in India*, *Asian Studies Review*, 74-92. 以及Gamble, Ruth, and Tenzin Ringpapontsang(2020): 'Uncertain Success: The Tibetan Refugee Community in South Asia'. *Social Alternatives* 32 (3):34-40.

難民經濟也吸引了尼泊爾的工匠常駐農業定居營區製造佛具與首飾

寺院為了推動經濟獨立也會設置商店

權與自由移動的權利，想像若難民群體僅能依靠收容國的政府補助維生，生活在限制圈地當中，他們的物質條件與精神文化又將落入怎麼樣的境地？這個部分是我並未多碰觸的部分，我相信比較藏人的案例、約旦的難民工廠[5]，甚至南北韓停戰線附近的工業園區[6]會有意想不到的見解。

藏人在印度的情況無疑地是擁有許多能動性，可以不需要被生存機會限制而選擇自己比較想做的行業，甚至可能與當地人合夥房地產事業，這些都是其他地方的長時間滯留難民群體（protracted exile community）無法想像的。藏人的存在對於印度來說具有政治利益，難民製造的不只是經濟活動，還有中印政治談判的籌碼。藏人也是外交周旋的好手。第十四世達賴喇嘛的哥哥嘉樂頓珠於二〇一五年出版的自述代筆傳記《噶倫堡的製麵師》（*Kalingpong's Noodle Maker*）[7]，揭露了這個半世紀以來為當地所熟知的製麵商，除了曾經擔任特使會見中國、臺灣與美國的政治領導人，並多次為西藏問題斡旋。

難民製造不僅是滿足對於重溫家鄉味的渴望，提供在流亡中依然能夠堅守原則的安穩感覺，它的經濟效益讓流亡者能夠靠自己活下去，而這一直是藏人難民六十多年來的社群文化核心。每個製麵商、每條地毯、每一炷香，都有一個人生故事。難民不是累贅，不是伸手要捐款的慈善對象，他們帶來活力、刺激並且創造出更多供給與需求。

---

5 Katharina Lenner & Lewis Turner (2019). Making Refugees Work? The Politics of Integrating Syrian Refugees into the Labor Market in Jordan, *Middle East Critique, 28:1*, 65-95. Zeynep ahin Mencütek & Ayat J. J. Nashwan (2021). Employment of Syrian refugees in Jordan: challenges and opportunities, *Journal of Ethnic & Cultural Diversity in Social Work*, 30:6, 500-522.

6 Mark E. Manyin (2012),*The Kaesong North-South Korean Industrial Complex*.

7 嘉樂頓珠，石文安著，謝惟敏譯，（臺灣圖博之友會，二〇一七）。

2-3 學校教育中的族群性建構

在前述章節中已經提過流亡西藏的宗教領袖抵達印度之後十分重視教育，在這方面也獲得許多國際援助，進而得到一定程度的發展。流亡社群實施不分階級與出生地的基礎教育政策，位於印度的流亡學校也會有來自歐美亞洲的海外藏人學生參加暑期班，由此可知流亡學校教育的內容對於海外西藏人具有一定程度的影響力，在不同的海外城市以流亡學校校友會為主體的交誼會也十分常見。

吸引人的流亡學校形式

已經有許多研究者[8]出版過流亡教育相關的研究，站在民族主義國家的立場，藏人學校教育的確相當成功。西藏流亡教育的體制建構與在印度框架下自由發展內容的靈活性的確得天獨厚。

我在二〇一二到二〇一三年在上達蘭薩拉學校研究調查時，總是聽到學生像在背書一樣地說流亡教育是他們的大好機會（great opportunity）。我當時的研究關注在學生的敘事，他們在西藏兒童村所接受教育觀點不僅是現代的（modern），同時也包含了自己的文化（our own culture）、語言、傳統，而這樣的教育內容在當時的西藏境內是不可能獲得的，他們能夠獲得這樣的教育機會全部歸因於偉大的達賴喇嘛。這麼說或許過度簡化，藏人學校獨立於印度學校之外的確起因於當時領導人的判斷。在流亡之初，達賴喇嘛婉拒了印度尼赫魯總理的建議，認為只有建立藏人自己的學校而非將藏人兒童安置在印度學校裡，才能傳承與發展西藏宗教與傳統文化[9]。第一所流

8 除了臺灣人盧慧娟改寫碩士論文出版的《阿瑪給給：西藏流亡教育》和印度籍瑪莉卡．米什拉（Mallica Mishra）撰寫的 *Tibetan Refugees in India: Education, Culture and Growing Up in Exile*之外，至少有兩位以上藏人教育學與人類學博士生以流亡教育為主題撰寫他們的博士論文。

9 第十四世達賴喇嘛，在自傳《我的土地，我的人民》寫道「我最擔心的是兒童，共有五千多名十六歲以下的兒童。他們突然被連根拔起到一個全新的環境，處境比成人更艱難，很多兒童剛到此地不久，就死於氣候與食物的劇變。我們必須積極採取措施以維護他們的健康，教育也是個極重要的問題。現在我們已經知道，很多留在西藏的兒童被從父母身邊帶走，被撫養教育成共產黨而不是西藏佛教徒。雖然我前面提到過藏人兒童拒絕接受中國的教條，但若共產主義存在夠久，我們也無法寄望從小被帶走的兒童不會成為共產黨。所以，對下個世代而言，在印度的藏人兒童非常重要，是我們希望重獲和平宗教生活的核心。到現在為止，我們在喜馬拉雅山下建立寄宿學校以容納一千多名兒童，仍在努力籌建足夠的學校以容納所有兒童。所有難民父母都熱切地要把孩子送到這個學校，在那里他們可以健康地成長，成為真正的藏人。」

亡西藏學校在一九六〇年於印度北阿坎德邦（Uttarakhand）的山中小城穆索里（Mussoorie）成立，是流亡西藏群體在異鄉土地蓋起的第一棟建築。當時一致認為，西藏流亡學校的教育精神是在流亡海外的環境下創造統一的國族認同、保持文化身分，辦學方式則是為了回應定居營區的社會現況需求。西藏流亡教育部登記在案的中小學，包含印度、尼泊爾與不丹三地，不含高等教育學府共計七十八所，正在就讀的學生總數約有兩萬六千餘人。從一九六〇年代流亡發展至今，在印度政府財政預算的經費挹注及眾多海外援助下，目前流亡西藏學校具備完善的體系，包含大學、高中、初中、小學及幼稚園，另外還有職訓學校、高等藏學研究院及師範學院。流亡學校分布的所在地與流亡藏人定居區分布一致。大學與高等藏學研究院位於班加羅爾、瓦拉納西及達蘭薩拉。職訓學校及師範學院則主要分布在康格拉（Kangra）谷地附近。流亡西藏學校的學生來源包括從西藏流亡到印度的學童，以及出生於不同流亡定居營區的流亡第二代與第三代孩童。流亡西藏學校的另一特色是學費非常低廉。一九七五年之前，所有流亡西藏學校不收學費。現在免費教育的提供對象僅限從西藏到印度來就讀的學生，包含生活津貼。流亡學校長期實施贊助人（sponsorship）制度，讓家境不寬裕的學生能夠獲得國際認養人的長期支持。

學生在畢業後不論是進入印度大學或在流亡政府所辦的高等教育機構當中深造，多數人都能領取到生活津貼與獎學金。學生在八年級或九年級便輟學的主要原因是不想繼續念書，而非無力負擔學雜費用。輟學生選擇進入職訓學校、免費參加其他短期職業訓練、加入印度軍隊或者其他工作。絕大多數的流亡西藏孩童，包括從西藏來的和出生於流亡的，是進入流亡西藏學校就讀。但少數家境較優渥的流亡西藏家庭更傾向於將孩子送進昂貴的知名私立英語學校就讀，相信孩子會因此更具有競爭力。完整的學制體系，加上可以學英語的國際經驗、能自由學習宗教知識，這些流亡學校成為能夠與中國境內雙語教育相互競爭的教育機構，也是強而有力的遷移動機。

義務教育階段的西藏流亡教育，在中小學有不同的出資方，分別為：印度政府出資與藏人行政中央教育部共同管理的中央藏管學校（Central Tibetan Schools Administration, CSTA）、以獨立基金會形式運作的獨立自治學校（Autonomous schools）以及藏人行政中央教育部單獨出資成立的學校，地域包含印度、尼泊爾、不丹，主要集中於印度。中央藏管學校特殊之處在於它成立時屬於地區級小學，因此班級內大約會有四到六成的印度學生和藏人學生一起上課。過去不同出資方雖然都遵循類似的教學大綱，但管理屬於個別委員會，形成印度政府管理的中央藏管學校和基金會體系的學校會有相當大的不同，二〇一三年印度政府變更法律之後中央藏管學校也由藏人行政中央來統籌管轄，不再屬於印度人力資源部的行政範圍。

《流亡西藏基本教育政策》指導流亡西藏學校的課程設置、師資、測驗等等背後的精神，印度政府所頒布的教綱則是實行準則，學生學力評測須合乎印度教育部中等教育委員會（Central Board of Secondary Education, CBSE）對於基本學力之要求。學生在完成九年義務教育後可依個人意願是否繼續就讀十年級，十年級畢業後之後統一參加中學會考，再依個人意向選擇是否繼續就讀高級中學課程。高級中學課程的學生須按照性向在三大學門：人文學（Arts）、自然科學（Science）、商業（Commerce）當中擇一組（stream）完成兩年學業，接著以在學成績與大考成績申請就讀印度大學、流亡政府主辦的高等學院，或者前往海外留學。從西藏來印度求學的學生當中，也有人選擇在完成中學教育階段之後返回西藏，但因為學制銜接的問題，他們不能就讀任何一所中國高等教育學院。

不只是所謂的世俗教育，南方寺院也發展出中等學校和高等佛教學院，提供少年出家的男性學生同時接受佛學與世俗教育的機會，這是一項創新的政策。在喜馬拉雅山地區佛教徒家庭當中次子出家的傳統依然活躍，小男孩進入寺院的年紀通常在十歲之前，尚未能替自己的人生做決定。若是長大之後決定要採取不同的道路，缺乏普通中學學歷將使他的生活相當艱難。高等佛教學院則在流亡社群當中具有很高的地位，可以核發佛教博士的格西學位。

教育環境中再現西藏

為了寫碩士論文，我在上達蘭薩拉的西藏兒童村做了八個月左右的田野調查，我常感覺校門內與外頭的北印度喜馬拉雅山系鄉下是兩個地方。從小學到高中，西藏兒童村每間教室的黑板上方都會放置達賴喇嘛的照片。學生們用寫滿了積極向上精神的標語與短文、不同科目的基礎知識海報布置牆面。從二〇一二年年初到年末，隨著西藏境內自焚抗議人數不斷增加，以自焚為主題的圖像創作或者將自焚者頭像海報貼在牆上的教室數量也不斷增加。圖書室中與西藏有關的藏書數量大約占十分之一，大多是以英文撰寫，由達賴喇嘛辦公室、流亡政府或個人出版社所出版。關於難民或者流亡的書籍則付之闕如。

西藏以一個民族國家的概念出現在流亡學校教育中是從嬰幼兒部門與幼稚園開始。三至六歲的幼童在老師的帶領下不僅學習數數、串珠、辨識圖形等等學習活動，同時也學習畫西藏的國旗、學唱西藏的國歌、念誦祈禱文以及模仿學習正確的膜拜姿勢。每隔一百天，老師們便會帶領學生舉行小朋友百日慶祝活動（100 Days Celebration for the Tiny Tots），宣告他們完成了階段性的學習任務，並且將小朋友們用蠟筆畫的國旗和其他小朋友的美術作品懸掛在教室裡，做為慶祝活動的布置。在平時說故事的時候，老師們也會挑一些紀念歷史英雄或者跟佛教有關的小故事，讓小朋友們開始培養對民族的情感，增進對西藏的認識。由此可見，老師主導的知識再生產或傳承，在建構國族身分上扮演了關鍵角色。西藏學校作為一個國族主義身分建構的場域，它既反映了藏人作為少數存在在印度社會中的脆弱性[10]，也同時呈現出不同大的社會框架（像是不同國家

10 Maslak, Mary Ann(2008). ‘School as a Site of Tibetan Ethnic Identity Construction in India? Results from a Content Analysis of Textbooks and Delphi Study of Teachers’ Perceptions1’. *Educational Review 60* (1):85-106.

對於少數民族的態度）其實會影響藏人學校在該地進行的族群身分與難民身分建構[11]。

流亡世代為下一代寫的課本

在印度的藏人難民學校，小學一到五年級的教育是以藏文教授的，在藏文課本當中除了識字與習字，學生們透過課文與生詞表認識西藏的服裝、飲食、傳統節慶等等。小學一年級與二年級共使用四冊藏文課本。第一冊和第二冊課本內容主要是認識三十個藏文拼音字母的烏金體（U-chan）與烏梅體（U-me），生字表中和人有關的物件、親屬稱謂、動作和人物，都是以穿著西藏傳統服飾的插畫來代表。第三冊開始上下加母音，詞彙的量與難度也提升了一些，課本內容的插畫開始出現與西藏神話或者習俗有關的故事情境。第四冊課本學生開始理解關於西藏的自然環境與宗教，並且首次讀到西藏被以一個國家的方式編排進教育內容當中，課文當中不僅標示了地圖與國界範圍，也說明了西藏做為一個國家的悠久歷史與獨立性，在這冊課本當中也介紹了跟西藏第一位國王有關的神話傳說，神聖宗教與世俗的界線十分模糊。

到了小學三年級，課本當中的內容包括一些包含道德觀念的小故事，以及佛法昌盛時代的君主故事，小學四年級的課本第一課介紹領袖達賴喇嘛，第二課介紹布達拉宮，第八課是美麗的雪域聖境，第十課是佛教各個著名的上師與佛陀，教材內容還包括西藏著名的諺語、寓言與民間傳說。小學五年級的課本，第一課介紹西藏的國旗——雪山獅子旗，西藏的國土與國歌等等，西藏做為一個獨立民族國家的概念在這一冊課本中更清晰地鋪陳。在課本的內容上，老師再口頭額外補充西藏被中國入侵乃至失去國家，逃亡印度的過程。

六年級到八年級的藏文課使用教育部出版的課本加上老師的自編教材，進一步從詩歌、歷史故事與佛教思想的短文當中增加字彙量。此時藏文課上課的內容與西藏歷史課、宗教課所上的內容或有重疊之處。九年級到十二年級的藏文課本回歸教育部統一編審的版本，當中的內容大量選輯了第十四世達賴喇嘛的演講詞以及其所著的《我的土地，我的人民》一書，包括關於中國侵略以及他如何逃亡來到印度的經過。此外學生開始閱讀原文版的《薩迦格言》、古典文學如《詩鏡》節選、正式書面語的寫作與應用文寫作等等，完成從民族常識到精緻藝術性的進程。

藏文教科書的編寫，早期參與編輯小組的學者專家多具宗教背景，對西藏文化與歷史的認知奠基於寺院教育，兩次編輯委員會所奠基的結果使得流亡西藏學校當中跟西藏主題有關的教材都被限縮在一個有限範圍內，宗教內容所占的比例遠高於其他。一九九三年之後進行的「教材藏文化工程」（Textbooks Tibetanization），是以印度教育部中等教育委員會所規定的教學大綱為基

11 Goldstein-Kyaga, Katrin(1993). The Tibetans: School for Survival Or Submission: An Investigation of Ethnicity and Education. HLS Förlag.

礎，參考現有的教材，將內容或翻譯或重新改寫成流亡西藏學校適用的教材，更加凸顯藏人做為教育主體[12]。西藏的內容穿插在地理與政治學基本概念知識當中，學生必須同時學習西藏與印度的情況。流亡學校舉行校內考試的時候需要考課本上的所有內容，但是當舉行印度基本學力檢定時，西藏的內容便不會出現在考題當中。

自一九九七年起參與教材藏語化的教育部官員札西東珠表示，編寫教材最大的困難點在於用字。藏文拼音有三十個字母，加上四個母音可以造出十幾萬個字。過去西藏所使用的字彙量僅在兩萬五千字左右，這些現代的知識，特別是數學、物理、化學、地球科學、公民教育等等過去西藏文化當中未曾出現過的語境與意旨，如何找尋相近的字義加以翻譯，或者必須重新造字，都是相當艱難的過程。因此境外的流亡教育也參考了中國境內藏族中學所使用的課本，力求兩地所使用的稱謂一致，以免造成混淆。流亡西藏和中國轄下的西藏並不是完全分裂各自獨立的系統，透過語言用字更新和日常生活的對話在教育這個部分有明顯的交集。

課堂上師生使用的語言通常是藏語。學生們平時在學校當中和同學、家庭媽媽、師長也多半使用藏文交談。由於一到五年級的課程完全藏文化，因此小學生們在日常生活中幾乎不使用英文，完全以藏文為主。六年級以上的學生因為學習科目當中英文的比重逐漸增加，教師也開始注重在講解時提供英文版本的說法。七年級與八年級按照印度教育部中等教育委員會規定必須學兩年北印地語。到了九年級和十年級，大部分的科目課本都是以英文撰寫的，學生的英語口語對話與書寫能力也變得更流利，不過，由於藏文與英文的語法規則和邏輯不同，在教師講解下勉強可以理解課本內容，但在面對以英語為考試語言的測驗時學生卻往往出現讀不懂題目的情況。在寫作上，九年級與十年級的學生也會出現用英文的文法書寫藏文句子，用藏文的文法寫英文句子的錯誤。從九到十二年級的課程為了配合印度政府訂定的教學大綱，除了藏文和宗教課，所有科目的教學以英語為主，學習內容和其他印度學校相同。老師自主選擇是否在課程內容當中穿插跟西藏議題有關的討論，也都是英語為主，藏文解釋為輔[13]。

藏文教學雖以衛藏地區的方言為標準，學校裡頭也有來自西藏各地與流亡藏人定居營區的學生，他們各自帶來了各個方言的腔調與說法，將這些不同的腔調、說法與英文、北印地語單詞混和在一起，就成了學校當中學生們所使用的藏語。這樣的藏語跟正式的藏文書面語或者標準的拉薩藏語已有顯著的差距。學生之間亦會以語言使用的純正性來認定對方以及自身是否是個純正的西藏人。這種混雜和強調純正性之間的論述是離散社群常見的現象，在藏人流亡社群中因為國族

12　以二〇一二年剛出爐的八年級社會科教材為例，這本教材的內容有：認識地球、地圖基本概念、全球生態圈、各種類型的氣候與地形概論、西藏地理與行政區劃、印度地理與行政區劃、西藏—地球第三極、西藏古代經濟生產與科學技術、第一個到訪西藏的西方女性朝聖者、流亡到印度、民主與投票制度、西藏公民身分的權利與義務、印度公民身分的權利與義務。

13　其實最常聽到的老師們的看法，是學生學了多種語言，但沒有一種足夠好。

每所流亡學校都會有一座學生親手塑造的布達拉宮模型

校園中宗教建築與雕塑環繞著學生遊戲與學習的區域

主義的地位而使得這方面的活動特別活躍，學校也不例外[14]。

這是童話故事嗎？

歷史教科書當中連結定義的因果關係是影響學生政治認同的重要媒介，有能力達成使人民認可政治支配系統的正當性，使人民同化成符合社會中政治生活的形式，在歷史教科書當中人們認識的不只是自身，還有他者的他性（the otherness of others）[15]。

流亡學校使用的西藏歷史課本經過兩次替換，最初的版本是由西藏兒童村的老師沛瑪才讓克崧（Pema Tsering Gashon）偕同一名美國作家克里斯多福．吉布（Christopher Gibb）以英文所撰寫的《雪域》（*The Land of Snows*）以及《從獨立到流亡》（*Independence to Exile*），分別出版於一九八四年及一九八七年。刪除了宗教發展梗概與早期帝國歷史，課本當中還包含一章日常生活，記敘西藏文化的各個面向，包括：高原生活的情景、佃農村莊與游牧家庭的生活、到拉薩去

---

14 Yeh, Emily (2007). 'Exile Meets Homeland: Politics, Performance, and Authenticity in the Tibetan Diaspora'. Environment and Planning D-Society & Space - ENVIRON PLAN D-SOC SPACE 25:648-67.

15 感謝達蘭薩拉圖書館支援翻譯。

朝聖、進入寺院修行、婚喪喜慶與日常交往等等。對於出生在流亡的西藏人而言，除卻家中長輩所訴說的過往，這一章日常生活的內容便構成他們對於被中共占領前的西藏的主要印象。課本下冊用相當多的篇幅解釋西藏與中國的關係且包括西藏的獨立性在第十三世達賴喇嘛時期是受到英國同盟國以及美國的承認，在中印兩國於二戰後順利獨立時派遣道賀使團等歷史。

在課文中，西藏的國家狀態以「事實上的獨立」（De facto independence）來描述西藏國家獨立的狀態被共產黨解放軍摧毀，以及中國軍隊在西藏境內如何進行壓迫、對佛教寺院及僧人的迫害，以及西藏人民起義抵抗。這兩冊彩色印刷的課本使用了將近十八年，期間西藏兒童村的教學政策有所更改，教學內容不限於課本，給予老師更多的自主空間選擇教材[16]。西藏兒童村英文流利的西藏歷史老師很少，西藏歷史老師與藏語老師們的背景多半是從瓦拉那西的高等西藏研究院畢業，在求學到研究的過程中都是使用藏語。六年期到八年級的初中學生英語程度不高，這兩冊以美式英語撰寫的課本內容所使用的句型與單詞對師生來說難度太高。因此大約在二〇〇八年，學校決定撤換這套課本，改以教育部編排的藏文課本來進行西藏歷史課的教學。

其實從今日的眼光來看，從小接受母語教育的藏人學生用英語上西藏歷史本身就是一件荒謬的事情。然而大約在二〇〇九至二〇一〇這段時間新上路的歷史課本《西藏讀本》（*Tibetan Reader*）引起更多非議。這套課本處理歷史敘事的方式十分經典，課本內容的撰寫風格與現代歷史課本白話文說故事的方式完全不同，以藏文撰寫的每一課內容十分古典精鍊，配上黑白印刷的插圖。以第二冊第一課為例，課文內容的中文翻譯大致如下：

六世達賴喇嘛倉央嘉措（ཚངས་དབྱངས་རྒྱ་མཚོ）西元一九八三年誕生於不丹。由於五世達賴喇嘛逝世之事受保密，未到十三歲之前不能公開尋找轉世靈童，在第司桑傑堅措（སྡེ་སྲིད་སངས་རྒྱས་རྒྱ་མཚོ）針對保密目的及暗中尋找轉世的過程向民眾提出解釋之後，人們悲喜交加，並信任此世乃是真正的轉世靈童。

六世達賴喇嘛在班禪洛桑耶西（བློ་བཟང་ཡེ་ཤེས）跟前受沙彌戒，並更法名為仁青倉央嘉措（རིན་ཆེན་ཚངས་དབྱངས་རྒྱ་མཚོ），西元一六九七年在布達拉宮舉行坐床典禮。當時他痛恨內外政局，忽略聞思修、違背教誨。特別在他二十歲那年，請求在班禪大師之前受近圓戒，他表示雖然樂意見喇嘛，但不願繼承前世達賴喇嘛的寶座，因此拒絕受戒。

隨後他歸還沙彌戒，常作俗人裝扮，雖身居布達拉，卻於孝（ཞོལ）和宗家（རྫོང་རྒྱབ）哦嘎（འོལ་དགའ）瓊姐（འཕྱོངས་རྒྱས）貢嘎（གོང་དཀར）等地逍遙自在，沉迷於酒色之中。他當時所著的多種詩歌迄今依然在民間廣為流傳。

16 Rüsen, Jörn (2004). "How to Overcome Ethnocentrism: Approaches to a Culture of Recognition by History in the Twenty-First Century." *History and Theory, vol.* 43, no. 4, pp. 118-29.

> 六世達賴喇嘛的行為舉止在蒙藏佛教信徒當中引起輿論紛紛，蒙古拉藏汗乘隙利用第司和六世達賴喇嘛之間的矛盾，三番兩次破壞蒙藏施受關係。因此第司受騙喪命，整個西藏淪陷，遭到蒙古拉藏汗的控制。西元一七〇六年六世達賴喇嘛在前往北京的路途中，於朵麥青海湖地區因病去世入大般涅槃。

《西藏讀本》共分成三個部分，每一部分作上下兩冊，全部由藏文撰寫，內文主要分為宗教與政治史兩個部分，政治史的部分占三分之一，其餘三分之二分別是佛教史與佛教思想史，成書於二〇〇二年。課本內容當中宗教的部分包括佛教的起源與流傳、各個教派的淵源與歷史、佛教思想史與佛教哲學。這六冊課本編製時是以藏文教學為目的，希望涵蓋語言、文學與宗教三個面向但並非用於歷史教育[17]。那麼學生們對於這樣的教材有什麼看法呢？一位當時十年級學生在談及學校所學的科目內容時對於歷史課得到的內容表示不滿：「我從西藏來這裡，希望能夠多了解跟西藏有關的事情，了解我自己的國家。西藏歷史課上面的內容都是宗教跟童話故事。歷史課本

17 也有學者認為，流亡西藏社群的國族主義論述之爭反映在宗教象徵的引用上，受西方教育的菁英與受古典佛學訓練的菁英在各種場域中競逐，我認為當然也包括歷史教材，見Kolås, Åshild (1996). "Tibetan Nationalism: The Politics of Religion." *Journal of Peace Research*, vol. 33, no. 1, pp. 51-66.

學生在校內圖書館自習

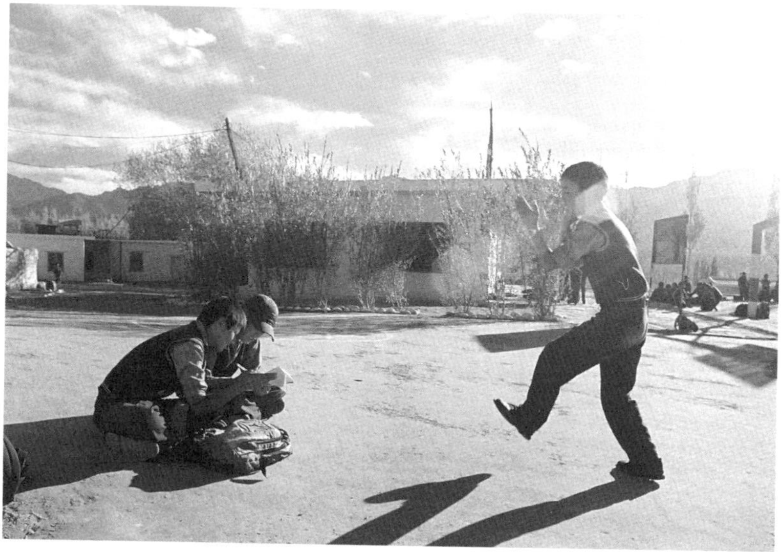

藏人學校會有宗教課與學習辯經（辯論佛經）

的內容說到西藏的第一任君王是一位有七個頭從天上掉下來的人，聽起來就童話般不真實。我真正想了解的是我們是如何失去自己的國家，西藏在過去五十年究竟經歷了什麼，然而這些我們在歷史課本上看不到。」

對於失去宗教與政治自由和被剝奪傳統文化權的藏人來說，這些知識都是珍貴的民族記憶。但年輕世代對於歷史課程應該具有什麼功能或者歷史敘事應該包含哪些內容的想像明顯與上一代不同。可以理解為什麼青少年和學生會認為這些課本像是童話，因為它們以統治者生平為主軸，沒有一般人的生活樣貌，內容和宗教課程多所重疊，似乎只是更加強調領袖的尊貴身分。離散社群經營的難民學校歷史課就是這樣一個擺盪在中共與流亡西藏、離散社群內部菁英的話語競爭、包含不確定性的未來等等高度政治化操作下產生的國族身分建構產物。藏學家約翰．鮑爾斯（John Powers）認為流亡發生之後的兩個西藏所生產的課程論述就像兩架類似的意識形態機器，被統治階級灌輸的依然是統治階級的思想[18]。出身流亡的教育學者凱桑旺督（Kelsang Wandu）卻認為歷史課發展的軌跡和幾重版本是難民社群摸索前路自然產生的結果，而教學的人才是最重要的影響因子[19]。

難民化的族群身分建構

從最初每個人窮到連伙食、醫療都成問題，到千禧年後一切基礎建設充足，流亡教育為流亡社群發展出了民主化以外最核心的發展，接住了從西藏來無父母照顧的孩子們、出生在難民定居營區因無國籍對未來徬徨的孩子們、讀完大學後希望服務鄉里的年輕人、從海外來嘗試認識家鄉的半個外國人，學校們提供了兩個世代的流亡藏人一個「遠方的家」。在這個圍牆包覆著保護著「家」裡人們相互關心、重視品德與為人付出、資源配置有度，預期自己能夠獲得什麼，在這個家裡有安全、紀律、尊重和寬容。因為未成年難民潮和跨區就讀的特殊性質，學校也成為主要社會身分再生產的場所，而流亡藏人和其他人不同的地方就是這個藏人的國族身分和難民是緊密相連。我認為這使得符合印度國籍法變更而能夠取得印度國籍的藏人對於拋棄難民身分會有背叛祖國的隱隱恐懼感，美籍人類學者卡洛爾．麥格拉納漢（Carole McGranahan）則認為這是一種對於國際規範主權定義的一種反動[20]。

而在異國長期生活的難民究竟應該如何實踐自己的認同呢？二〇〇三年到二〇〇四年，一群流亡學校的社會科老師決定以《西藏讀本》做為教材。這本教材並未正式出版，根據當時曾經參

---

18 Powers, John (2004). *History As Propaganda: Tibetan Exiles versus the People's Republic of China* Oxford University Press.

19 Wangdu, Kalsang (2019). "History education for nation-building in exile : The case of Tibetan refugee schools in India." Wangdu, Kalsang (2020). "Nation-building in Exile: Teachers' Perceptions on the Goals of Teaching History in the Tibetan Refugee Schools." *Scandinavian Journal of Educational Research 65*: 928-940.

20 McGranahan, Carole. 2018b. "Refusal as Political Practice: Citizenship, Sovereignty, and Tibetan Political Status." *American Ethnologist 45* (3): 367-79.

與教學的老師表示，這位作者可能是感覺到年輕一輩的學生不懂得流亡西藏社會建立的辛苦過程，為了想要讓學生了解前人付出，因此參考書籍自編而成。此書著重一九五九年西藏流亡印度之後整體發展，詳細地介紹流亡藏人在印度不同地區與海外定居營區的生活狀況，人口分布及他們所從事的職業以及當地發展的現狀，包含教育與公共衛生狀況概述、宗教文化的保存以及各種官方與民間組織的設立，等等西藏流亡後主要發展的成就。以這樣的教材作為歷史課內容是沒有問題的，爭議的點在於是否應該以此敘事為重心。在這本課本之後被採用的《Tibetan Reader》教授的是以遭到中共占領之前的時期為中心，若是以流亡後的社會發展史作為教學內容，等同於正常化流亡事實，削弱了流亡乃是因為出於壓迫而不得不逃亡的正當性。新世代投入維護西藏文化與政治宗教自由的社會運動也就不令人感到驚訝了，除了學校教育之外還有許多場合重複強化這種失國的論述，我會在下一章說明。

當然，學生並不是白紙一張讓課程填滿，他們能夠對於教材有自己的意見，當然也能夠透過自己的行動去探詢他們想知道的事情。透過網路和中英文能力，他們能夠直接跟課程描述的侵略者「中國」人交流。我在二〇一二年做田野調查的時候已經有學生告訴我他們會在學校附近的網咖會用QQ與中國人聊天，了解他們的生活、他們的想法。「我那時候有一個經常聊天的朋友，她是個女孩。我發現她根本就不知道西藏發生了什麼事，她也不覺得他們的政府對待西藏人不好。我們聊了很多生活上的事情，這改變了我對中國人的看法」，學生說。

「我們一直身處於西藏社群當中，因此有時會忘了我們是難民，對我來說，難民的意義就是被迫和自己的親人分離，看到自己的國家被人侵略。」回到西藏意味著能夠重回父母與家人的身邊，也就不再是難民了。學生在週記中所寫的內容同意和我分享與引用，用他們自己的話來說：「有時我問自己假如我們從未從中國手中失去自己的國家，我們會過著什麼樣的生活？我們可能會對外在世界的高科技、發展、教育等等一無所知。我們同齡的孩子可能會在家裡幫忙，而不是到學校上學。就這一點來說，我認為如果沒有流亡，西藏可能沒有發展。但另一方面來說，我這個世代的孩子因此無法去西藏，甚至看西藏一眼。流亡改變了西藏人的生命，作為難民我們的權利被限縮，我並不責怪中國人民，但怪罪中國共產黨政府。流亡的生命，也使得這世界知道在世界屋脊上，有一個國家叫做西藏。」

我站在個人發展的角度，對於流亡教育當中的族群性建構未必抱著完全正面的態度，我認為這是一種繼承失落。身在海外，即便是過著自由富足的生活，看到西藏境內發生的暴力、逮捕、政治迫害事件會感受到強烈的連結，然而難民的身分卻很難直接對於情況產生正面的影響，在巨大的意志和微弱的能力之間，憂鬱與無力感或許是流亡社群邊界辨識一項重要的辨別特質。然而，從難民韌性的角度來看，難民教育以能力強化為框架實際上支持了難民群體在異鄉求生，意識形態塑造明顯的劃界也支持難民自我調適。新一代難民會納入自己親身的經驗重新轉化韌性存在的意義，與不知該何去何從的難民身分始終在無法被撼動的位置。

2-4 遠端表現民族主義

流亡西藏的國族認同是相對於其所出走的「中國」，與其所寄居的「印度」兩個「他者」來建構出對應的「自我」，那個自我則是一個獨特的「政治難民」形象。在官方民族主義的文本中，中國扮演打壓與消滅西藏文化、以武力鎮壓統制與剝削西藏的「異族」，為流亡西藏的難民身分以及流亡政府組織的存在提供合理基礎，在非正式國家政府的組織形態下以國家機器能夠完全發揮功能的教育場域，以塑造「一個真正的西藏人」為目標傳送給下一代。另一方面，以第十四世達賴喇嘛為象徵符號核心的流亡政權將印度整體描述為支持西藏生存的「恩人」，實際上流亡藏人在印度社會中求生存，卻因為難民身分而在經商與就業上受到許多限制，與印度人交往的過程中也不乏衝突。有一本護照的意義就是這世界上有一個國家的國門永遠會對你敞開，而流亡者永遠需要通過國家審核與承受不能取得簽證的風險。

政治行動釋放壓力

艱難的環境壓力有一些釋放的方式，比方說藝術和文學，和日常生活高度相關的政治行動。每個星期三是「Lhakar Day」，Lhakar 的意思是白色星期三。這一項發起自西藏境內，抵抗漢化的民間運動[21]，目的在於從日常生活習慣著手，保存與維持西藏的傳統文化與認同，提醒自己做為一個西藏人的身分。自焚密集發生的二〇一二年期間，每週三在學校的朝會師生都在淚水中度過，自焚者肢體嚴重燒燙傷的照片在舞台上投影播放，畫面中的人已不成人形，氣若游絲地錄下臨死訊息。老師和學生都流著淚觀看這些影像，平時浮躁、喜歡交頭接耳說悄悄話的學生們都靜

21　參與這項運動的人們必須對自己做以下宣誓：
(1)我是西藏人，從今天開始我在家一律使用純正藏語。
(2)我是西藏人，從今天開始當我遇到西藏人時我會一律說純正藏語。
(3)我是西藏人，從今天開始我會每天提醒自己到我死去的那一天，我都是一個西藏人。
(4)我是西藏人，從今天開始我每個星期三只穿傳統藏服。
(5)我是西藏人，從今天開始我每個星期三只說純正藏語。
(6)我是西藏人，從今天開始我會學習藏語。
(7)我是西藏人，從今天開始每個星期三我不吃肉只是素食以增加功德。
(8)我是西藏人，從今天開始我打電話或傳簡訊給西藏人時只使用純正的藏語。

默著。每個星期三早晨，全校師生聚集在同一個空間經歷這些情緒。朝會結束後，學生一反往常緩慢沉重地走出禮堂，連平時上課十分犀利的男老師都偷偷拭淚。白色星期三的基礎是一種對自我的承諾，不論是個人或集體活動，就像一種冥想和性靈的運動，為自己所重視的身分之一做出一些安慰性質的演練。許多人維持在社交媒體上以藏文書寫的習慣，或者和朋友碰面時有意識地使用藏語交談，這些實踐有時悲傷，但流淚也有力量。

難民學校還有一項令我印象深刻的文化活動，就是每學期會固定舉行一週“Tibet, My Country”的全校性質活動，在此活動中各年級會舉辦不同的班際比賽，像是愛國歌曲競賽、製作布達拉的立體模型與展覽，西藏服裝秀等等，就像一場歡樂的嘉年華會。當週全校學生會穿著藏裝，平時節省飲食樸素的家庭宿舍與高中宿舍也供應有奶、有肉又美味的西藏食物，像是饃饃、酥油茶、奶渣甜點等等。

大型心理劇場

除了西藏週，校慶是另一場大型表演活動，整個社區都會參與。對孩子們來說這僅次於過新年，穿戴整齊又能得到一筆零用金花在園遊會上買玩具和食品，有豐富的午餐便當可吃，還有精彩的校際體育競賽和歌舞演出。負責推出歌舞劇的學生通常會花一個多月的時間籌備，先是由高

難民學校當中學生自發性的悼念自焚者團體表演

中部學生編寫劇本，學校老師協助分幕並一起創造角色，設定服裝。劇情分成兩幕，演出沒有對白，僅以傳統樂器演奏不同情境的音樂，配樂象徵不同事件發生的先後順序，並為該幕定調。

這齣劇充滿了孩子們對於他們所關心的西藏形象與情節，我看的那場演出由一批穿著白上衣戴著綠色鴨舌帽的初中部學生和一些高年級的小學生在歡欣奔騰的音樂中進場，排成西藏領土的邊境。接著，裝扮成各種野生動物的學生，扮演白鶴、犛牛、猴子、藏羚羊、野驢等西藏高原的特有種生物，在雪山與河流環繞的土地上和諧安詳地生活、遊戲。在學校傳統樂隊伴奏中，象徵長壽、幸福、靈活的各種動物們與穿戴各地傳統服飾扮演牧民、農夫的學生們一同舞蹈，農夫辛勤地耕種，孩子們天真無邪地跳繩、扮演傳法高僧的學生穿著厚重衣袍端坐在大太陽下誦經、一列善男信女組成的朝聖隊伍恭虔地走進拉薩。接著穿著共軍制服的高年級學生，拿著塑膠製的步槍和各種武器，推著一輛紙板畫成的坦克車從邊境東北方開進會場，他們代表進犯西藏的中國軍隊。

解放軍的衣著和姿態，都是由學生們在網路上蒐集資料以後揣摩設計的，扮演解放軍的學生都是十一年級身材高大的男生。演出之後，他們略帶興奮與得意地說，開進西藏邊境的解放軍坦克車靈感來自六四天安門事件的記錄片影像，推土機則是象徵中共政府為了開發資源，不惜破壞西藏的自然環境，坦克車與推土機都是學生花了好幾周的時間用紙板做成，現場由人力開動。這些扮演解放軍的學生在場上模仿解放軍隊發出軍令，他們的聲音甚至嚇哭了幼童。當扮演解放軍的學生，扮演的藏人以及動物們擊倒時，在場觀眾發出哀嘆聲。學生們表示他們演出動作的靈感來自好萊塢電影，以及課堂上老師播放的西藏抗議活動遭到中國軍警鎮壓的影片。

接著，初中部學生扮演的小和尚們從會場西南邊上場，拿著國旗，高喊著西藏萬歲。這些小和尚象徵一九五九年前後在拉薩附近起義反抗的喇嘛們，個頭小小的初中生穿著降紅色袈裟，抵抗這些人高馬大的軍隊。伴隨著激昂的鼓聲與淒涼的二胡聲，抗議的人群戰敗，場上迅速橫七豎八地躺滿屍體。有喇嘛，有平民，也有動物，還有破碎的雪山、倒塌的樹木。場邊的觀眾看得十分投入，家庭媽媽、校外來的貴賓、各地前來參加體育競賽的學生們，一開始都非常高興地稱讚孩子們的創意與扮裝後可愛的模樣。隨著劇情進入戰爭與殺戮，不少人跟著劇情當中發生的暴力情節而憤慨、流淚。在一陣悲壯的弦樂聲之後，一名演出自焚者的初中生穿上畫滿火焰的戲裝，一團火焰在場上被點燃，象徵引燃自焚。第一名孩子高聲吶喊西藏勝利後倒地，接著第二名、第三名……扮演喇嘛們的學生在場邊開始誦經祈禱，更多觀眾開始啜泣，演出最後以點燃酥油燈祈禱和平的畫面做為結束。

戰爭、死傷與流亡的難民生涯成為西藏民眾的集體記憶，這些黑暗的過往應該如何被記得呢？後來在好幾次三一〇西藏抗暴日大遊行政治街頭行動劇中，我都看見了這齣流亡學校校慶音樂劇的影子。我想戲劇扮演無疑有著治療撫慰的效果，流亡學校特殊的戲劇題材或許正好能夠替這些無奈焦慮的人們解脫一些心理負擔。只是當我試想如果是在臺灣在學校校慶時推出白色恐怖抓捕與槍決的音樂劇會怎麼樣呢？我不是專業的教育工作者無法評論這些。藏人發明、從事、策畫的各種活動當然遠遠超過這些，慈善與地方發展方面的串聯、長期經營的出版與閱讀推廣、飲食和舞蹈工作坊或者身心靈主題活動，將身世帶入為西藏發聲的迴音優美重重，很容易在網路上找到。我以此例子說明，一方面是戲劇效果帶來的共感與影像的記憶令我震撼難忘，另一方面作為一個長大後早就忘了大會舞怎麼跳的人也會好奇換成了藏人學生，他們是否會珍藏這段童年回憶，還是只有多事又想太多的質性研究者不忘呢？

想像出新空間

詩人拉桑慈仁（Lhasang Tsering）生於西藏，在很小的時候跟隨家人流亡印度，一路在流亡學校中成長，一九七二年他得到一筆獎學金到美國念醫學院，他謝辭了這個流亡社群中大家搶破頭的出國機會，選擇留在印度為「西藏的自由事業」奉獻。理想主義的拉桑慈仁確實做了很多事，七〇年代初，這名年輕人到了尼泊爾加入尼藏邊境上對抗中共軍隊的藏人反抗軍。就我所理解的事實，當時位於莫斯坦（Mustang）的這支反抗軍已經走入末路，他們實際上倚靠著美國中央情報局（Central Intelligence Agency, CIA）的支持，在邊境上持續地搜集情報。這些帶領著民族的火焰，保護過跨越邊境的難民潮，靠著一把槍，在雪境之巔經常沒有東西吃的頑強反抗軍們，不知是如何看待這個拋棄獎學金投筆從戎的年輕人。

當四水六崗的最後一絲火焰被達賴喇嘛勸告投降尼泊爾政府的錄音熄滅後，有人當場刎頸自殺，多數人繳械後在尼泊爾大牢待了好長一段時間，之後到印度投入流亡社群的建設工作。就像臺灣早期靠著國民黨部隊築路墾荒，這些藏人老兵也是流亡社群最初建立生存基礎的重要勞動力。

青年拉桑慈仁回到達蘭薩拉，他對西藏獨立的熱情並未熄滅，做為支持西藏獨立的「西藏青年會」（Tibetan Youth Congress）的早期成員並曾擔任主席，他與幾位流亡知識分子共同創立

視覺彷彿被偷走，從寺院二樓望出去的象徵幾乎遮蔽整座天空

了獨立的學術研究機構「雪山」（Amnye Machen Institute）。一九八〇年代末期的拉桑慈仁聲名大噪，因為他與其他幾位學者朋友一起公開挑戰達賴喇嘛的「中間道路」主張。在動盪的一九八〇年代末期到一九九〇年代初期，拉薩街頭暴動與難民穿越過境的人數突破萬人，小城遠在喜馬拉雅山的另一側，一樣不安。

中年後詩人終究從政治位置退下，他做過幾任西藏兒童村的校長，他的憤怒從報端、街頭撤退，不再將矛頭指向政治宣傳機器，轉為獨自漫步山林之間與自我的對談。拉桑慈仁從來沒有放棄過要回到西藏的想法，雖然隨著年紀老去他會思考在他這一生是否有可能。長年的憤怒使他飽受心臟病之苦，做為一位憤怒的政治人物也影響到他在家庭當中的角色，成為一個難以親近的父親。

二〇〇四年他出版了第一本詩集，"Tomorrow and Other Poems"，然後是"Hold on"與"Wanderer"。他自製書卡，將自己寫的詩印在書卡上與人分享。他依然保持每日長距離散步的習慣，前往達蘭薩拉的旅人可以在我認為麥羅肯機最有選書品味的書店（Bookworm, McLeod Ganj, Dharamshala）往上到前政治犯的收容所，往下到崗堅吉雄（Gangkyi）之間的道路發現他的身影：滿頭白髮，背脊微駝，留著一把灰白的大鬍子，眼神依然銳利與哀傷的拉桑慈仁現在只剩下筆是他的武器，擁有一個像山路一樣高大且飽含著痛苦，不斷驅策前進的靈魂。

他的詩相對於他的政治主張，並不像年輕的一代如丹增尊珠（Tenzin Tsundue）或者布瓊·索南（Bhuchung D. Sonam）一樣創造繁複美麗的意象，表現一種掙扎的絕美，他的詩簡單並充滿動力，逼得你不得不跟上他的思緒，回溯那個意義無多的故土，心靈依歸的一團黑暗，吶喊著民族的出路。又或者在詩中記錄著一個散步者的自白，山林自然帶給他的靈感，與片刻的寧靜。他對流亡西藏社會現象睿智的批評也是其詩作的特色，描寫男僧與女尼之間地位不平等的詩作被選入幾個當代藏人詩選集。

從詩人拉桑慈仁的生平中，我想表達的是想像的空間永遠無法被政治占領奪走。定居美國的小說與政治散文隨筆作家嘉央諾布（Jamyang Norbu）[22]主要用英文創作，他將文學的娛樂性和趣味和西藏失國的背景結合寫出新類型的作品，左手寫幻想小說，右手寫民間文史材料與政治意見。作家、譯者和編著丹增·蝶吉（Tenzin Dickie）通過語言文字轉譯和蒐集完成了西藏當代文學史上非常重要的任務，連結了西藏境內、海外流亡和南亞藏人難民社群的西藏作家出版了一本短篇小說集[23]和散文集[24]。這些文學和歷史作品內容並不一定具民族主義的指向，但他們創造了不斷更新生長的文化如何詮釋社會變遷的狀態和反思自身處境，並且說出和國族大敘事並不直接相關的生活真實。

流亡使得社群突破原先的社會結構發展出連帶感，並藉著教育成功地發展出了公民情感。由於文化的正統地位與辨學的成功，流亡西藏教育中的教師本身便是意識形態教育再生產的產品，他們也將自己的成長經驗應用於教學現場，可以說從流亡學校培養的師資是流亡教育獲得成功的最大原因。情感和公民意識的連帶感可能活躍地表現在網路與自媒體陳列當中，政府與教育機構日復一日的例行工作卻經常欠缺穩定人力。難民社群當中人員高度流動，在流亡社群中人們移出定居營區工作或者再往第三國獲取庇護也可能是返回西藏，沒有解釋原因消失一陣子也是常有的事情。這種型態的民族主義存在像分子鏈，難民、無國籍與當代高度不確定性的生活方式或許是

22 著作目錄可參考：https://www.jamyangnorbu.com/blog/
23 *Old Demons, New Deities: Twenty-One Short Stories from Tibet*
24 *The Penguin Book of Modern Tibetan Essays*

強烈情感的支撐，讓心理需求與國族敘事緊緊相吸，高度流動性對於訊息媒體傳播的過程來說不是問題，反而是正面推力。返回日常生活當中的訴說者如何做決定，而西藏人身分在這些生活中的選擇中占多少重要性，是另一種有趣的社會組織問題。無論如何，西藏並不會從世界上存在的人群和文化中缺席，也不缺乏來自自身群體的代言者。

印度和中國，還有夾在當中的西藏，像一組精密的鐘擺，我對它的理解或許不如這三個地方的當地與國際學者深入，只能夠用民族誌書寫者的角度記下一些令人難忘的片段。

第三章 未决的定居

AIRCEL
Airtel
odafone
ALL IN ONE
uninor
RECHARGE HERE
tatadocomo.com
TIBET
U.S.A
Rs.3
FAX
XEROX
AVAILABLE HERE
CNN
6756

3-1 困倦不安的定居人生

經歷過學校裡一套西藏化身分教育的孩子將來長成了什麼樣的大人？這是我持續追蹤難民學校畢業生時所思考的問題。教育內容並不能夠完全定型一個人的想法與自由意志，社會化過程接受的成長方式也不會延續某人的一生，人們所知、所想與所感會隨著後續的刺激與學習經驗發生適應作用。拉扯著童年記憶與成長時期重要他人並影響一生的因素，很大程度上來自於一個人相信自己所屬的群體與環境，歸屬感、安全感與認同是人心的基本需求。

那麼，以難民身分生活在庇護國的孩童成長之後，他們的世界觀會因為這種特殊的情境設置產生什麼特徵？在我駐校期間，經老師和學生們同意，我大量閱讀學生們的週記、作文，並且與他們談話。「感謝印度政府與人民」在描述流亡生涯的文章中出現的頻率很高，這整個句子本身就是流亡學生教育的內容，同時也表達了藏人對於能夠在印度以自己希望的方式生活著的一種基本態度。學生普遍認為應該感謝印度政府的原因是一九五九年當達賴喇嘛與八萬餘人藏人進入

定居營區裡用影像堆砌的小拉薩

印度國境內時，是當時的總理與人民允許並且扶持他們在異鄉開啟新生活。但這是一種對所有印度人的概念化感謝，與之對立的則是日常生活中所發生的衝突。移民和移入國社會保持著既遠又近的距離，一方面謙恭地表現出永遠銘記被接納的恩惠、使用納稅人捐助資財重建生活的感謝之心，另一方面則小心翼翼地畫出心理與文化邊界，有意識地讓自己不被同化，保存入境隨俗以前的自我樣貌。

倚靠權力卻始終不安

難民在這樣的心理機制作用下，他們的反應還包含了衝突所帶來的創傷，

流亡藏人學校外的紀念碑

無法改正與解除威脅所帶來的自我無力感，以及從對未來的模糊期待轉化成對新環境的遲疑甚至排斥。當青春期的孩子在日記中寫下：「我們的國家被中國占領，我們在印度過著流亡生涯，並且在許多方面都倚靠印度。流亡生活並不容易，我們應該對於倚靠別人活下來感到羞慚。但有些人仍然持續傷害印度人，這並非公平行為，我們應該尊重他們，因為他們借給我們土地，不管他們對我們做什麼，我們都不應該反擊，微笑離開，我們應該感謝他們」，孩子們所書寫的內容，其實是對教育內容與現實衝突所感受到的疑惑。流亡生涯倚靠印度、對於無法自立而感到羞慚、應該避免產生肢體暴力衝突，這些都是學校教育灌輸的道德理念。在這種侍從主義中面對衝突，企圖重新尋找秩序，或磨合出寄人籬下的安全生存之道，是一種普遍的心情。

「以前在西藏中途學校的時候，附近都是印度人的農田，女生宿舍樓外面常常會有印度人來偷窺，稻田裡也發生過多起印度人強暴西藏女孩的事情。那時候學校裡的西藏人經常跟印度人打架，但是我們是難民，住在別人的國家，對於這種事情也只好忍氣吞聲，沒有想過要去報警，大概報警了也抓不到吧。」曾經在學校任教的好友跟我分享她對環境安全的認知，溫柔地告誡我做為達蘭薩拉新來的移居者，即便現在的新舊族群陌生感已經沒有像從前那麼明顯，依然要特別小心自身安全。而我自己的經驗則告訴我，應該要提防的不僅僅是印度人，族群在歹徒身分上面不具指標。

的確，剛來到印度的西藏人是當地社會當中的弱勢族群，由於語言不通，對環境也不熟悉，很容易成為犯罪攻擊的對象。會敲詐生客的印度人（當然並非每個人都如此）並不會區分對象是難民或觀光客。至於印度基礎建設不足，經常斷電、停水、需要賄賂警察、應付房東跟三輪車伕不合理地要價等等日常生活中不斷發生的小事，即便是透過日常生活逐步建立出親密感，這些小麻煩也經常讓人感情瞬間疏離，讓外來的西藏人在定居五十多年後仍然感覺到自己是「客」，是外人，認定印度並不是長治久安之所。然而，以政治難民身分長期生活在印度，是多數流亡藏人從出生或者幼年至今所習慣的生活經驗，這種不安適的定居心情會在難民「可被失去居留權」的情境出現時產生困擾。「昨天回學校的路上我看到一家飲食店裡有兩個印度人跟藏人在爭吵，兩邊爭得面紅耳赤，一位老先生走過去用藏語對那年輕藏人說，我們現在是在別人屋簷下，不得不低頭。我不知道那個年輕人聽進去沒有，但是我聽了之後心裡覺得非常難過。」藏人難民在印度並沒有統一的歸化國籍標準，多數藏人也不願意歸化成印度人，這種身分不平等的立足點隨著定居的決定持續。是否應該要因為自己難民身分的脆弱性而選擇退讓，除了是一種自保，也是一種覺得必須要回報印度收留我群的道德選擇。這樣的感受，從西藏來的藏人比來自定居營區的藏人體會更加深刻。一名來自西藏的學生在文章當中描寫了他對將來從學校畢業，必須離開以藏人為主的社群，進入印度社會升學或者求職的恐懼，「現在我讀十年級，幾年之後我即將從學校畢業，即將進入一個全新的環境當中。在那兒，西藏人將成為少數族群，而印度人將占大多數。是的，我很確定我將會面臨許多騷擾，並且被視為地位低下之人。他們（印度人）將會用嘲諷的

到定居營區藏傳佛教觀光的印度旅客

話語來粉碎我們的希望，或者試圖激怒我們以挑起紛爭。雖然我們將會面臨許多問題，但我們永遠不該忘記，印度（這個國家）是我們存在的根。」由於有著在他方（西藏家鄉）的經驗作為對照，對於強勢文化同化弱勢的恐懼投射在藏人在印度的生存處境。許多不同的比喻被用來描述這種特殊的依附關係，包括根、庇護所、替代的家居，這種情感滋長卻又害怕隨時會被拋棄或者貶抑的恐懼，構成親密性的敵人，加上流亡藏人身分所乘載的返鄉使命，使得藏人無法真正安生，在印度建立起真正的歸屬。

歸屬感帶來的內耗

流亡西藏身分認同不僅是一項個人的選擇

以及文化上的慣習，也代表了流亡者對國家有應盡的義務與責任，而這個國家指的就是「被中國侵略的西藏」。流亡西藏學校這樣一個極具生產性的機構，在一名於其中執教的印度籍教師眼中，是一個本質上排外的小團體。「我認為這個學校的學生對於印度社會的認識太淺，他們接觸到的都是一些社會底層的人，因此對於印度的印象一直停留在髒亂落後。他們就像住在一個小樂園（happy little coucou），面臨一個他們自身無法解決的大命題。他們應該要更現實一點，融入印度社會以獲得更好的生存機會。」

出生在印度的藏人學生多數提及他們在入學前未聽過西藏，入學後才知道自己的國家與身分，而他們相信藏人在印度的生活遠比在西藏自由許多。這些在印度出生成長的孩子有些是父母親很小的時候便自西藏來到印度，或者父母親也是在印度出生，而祖父母來自西藏[1]。這些孩子將印度的流亡藏人定居營區視為自己的家，將印度視為流亡藏人的第二個家（second home）。

「我的流亡生活並非如此令人沮喪與傷感，這可能是因為我在印度出生與成長，我在印度有自己的家。但作為一個西藏人，我依然有必須履行的義務與責任。我想要讓世界知道中國有許多張臉，或許不談中國對西藏展現出的面貌會較好，但西藏人仍然在中國底下鬥爭，他們的權利被剝奪了，無法信仰自己的宗教。在印度，西藏人有權利信奉任何宗教，在印度社會當中我們（和印度人）被視為是平等的。印度以世俗主義（secularism）聞名，我認為我們在印度的西藏人可說是十分幸運，有印度作為我們家園以外的家園（a home far away from home）。對於印度政府在過去五十二年來對流亡西藏的慷慨與仁慈，可說是無法說盡的感謝，他們慷慨的接待讓我們感覺印度就像自己的家一樣。」西藏難民的離散（disaspora）是使人的自我存在依附於一個回不去或者從未能親身體驗的國家，使日常生活處於懸宕、僅能實現建立在想像之上的國民身分實踐。扮演不存在的國家的國民是一種主權表徵，這種「在場」心理上彌補了本身無法親身體驗的一切——那個實際被標記為拉薩的所在，與當下我能接觸到的海外版小西藏，其中相連的紐帶就是「我」的離散。這種殘缺的生存欲望與信仰並不相違背，而當中所產生的便是一種距離感，使得在這樣的情境中，信任是有條件且困難的，離散同時造成了個體的孤獨。

在印度與家人在一起，孩子們描述自己的生活過得相當快樂，唯一「提醒我身處流亡的是我還有個國家」，而他們多半的心願是在有生之前回去看看，未必要選擇在那兒定居，西藏對他們來說是故鄉[2]，是父母親、祖先生活過的地方。「我在印度出生成長，所以你或許可以理解為什麼我對這個國家懷抱強烈的情感。對我來說，達蘭薩拉就像小拉薩，我的父母親都是來自拉薩的後裔。我從未對自己做為『在印度的難民』這項身分感到不適，因為我從來不覺得我是一名難

1　流亡第三代比起第二代對於印度環境的適應與心理狀態更加安定舒適。

2　儘管學生在作文當中普遍使用motherland表達故鄉，藏語當中的「故鄉」payun，實際上指的是父親所來自的地方。因此有時學生也會使用fatherland，這是一種從藏語直譯過來的說法。

民，印度就像我自己的國家。無論如何，我也希望有一天可以去拉薩，並且永遠定居在那兒。如果我能夠親眼見到故鄉，我會感到非常振奮，因為那是一片無人知曉也無人曾見過的土地。」印度是第二個家，但這裡所指的「家」，並不是指印度這個國家，而專門指地理位置上位於印度國內的流亡藏人定居營區。

民族主義的情緒並非與生俱來的，流亡西藏學校的課程內容、機構控制都是一個特定歷史情境下的產物，學校在流亡西藏國家當中所扮演的角色就是生產「離開西藏以求得生存」、「國家的命運操縱在每個人手裡」等等論述，使得更多人認同西藏做為一個國家的合法性。在這個知識與意識建築形態之上的，是社會互動始終包含的不確定性和不安全感。印度是一個載體，讓生命延續也發展出自此往世界發聲的平台，它讓全球支持流亡西藏的力量有一個收件地址，有一個朝聖的基地。儘管西藏作為一個國家在此地、此刻實際上缺乏物質性，那是一個美好的想望，夾雜著壯烈的自我奉獻與幻想，難民身分給予了在中介即使不做決定依然能夠睜眼面對明天的位置，「到不了的家」那是一個使異鄉可以為家，使一切合理的情境。從這些根基長成的大人們，成熟的心靈經過思考後會重新選擇政治傾向，不管是堅守與流亡政府同步的立場或者是保持政治信仰的彈性，對於西藏以及西藏人民的深情與關懷是不變的，這種民族主義情緒也成為團結的力量。另一方面，用距離來保護自身安全感，疏離的依附，讓這些長大後的藏人變成非常有能力獨自照顧自身，有一些無法言說溝通的內在深淵，以及對一些社會互動交往概念定義的不確定。許多人能夠將這些不確定的經驗與思考轉化成他個人的能力，或者靠信仰昇華；但也有的人會採取另一種方式，用物質麻痺自己的神經，使自己不再於思考的迴圈中感到痛苦。

流亡西藏和印度之間的邊界並非由歸化公民身分所構築，道德觀念和對民族主義的推崇是兩者合流的原因，在兩個社會都在急速發展的狀況下，彼此之間加深的經濟與政治依賴關係讓邊界的存在成為保護兩者的閾限，一旦超過這個水平面，在面臨對中關係的政治壓力下，可能兩者一起下沉的機率大於兩者同時上升，信任彼此是此刻的最佳選擇。藏人難民定居營區的土地使用權便像是鞏固這種信任的契約，必須定期檢驗與決策是否繼續延長。

3-2 溼婆之夜

卓瑪站在自家餐廳前面望著對街的濕婆（Shiva）神廟人來人往。那是三月初的星期一，溼婆之夜（Shivaratri）。

卓瑪的餐廳賣一些簡單的食物，藏式的饃饃湯麵和麵片。這些為印度人所熟知的藏式食物，其實都來自中式飲食傳入藏地後的變形。用英文寫的招牌放在灰色的水泥矮房外面，客廳大小的座席後方是只容一人工作的烹調區。白天丈夫不在的時候，她一個人一邊服務食客一邊料理家事。在簡單的輕鋼架隔間裡外是餐廳和自家，卓瑪的生活簡樸，如同她的餐廳所提供的料理。

關於溼婆之夜的說法很多，有人說這是溼婆一年當中最喜愛的日子，也有人說這是溼婆與妻子帕瓦蒂（Parvathy）的大婚之日。在這一天，各地的印度教徒會前往溼婆神廟舉行祈禱儀式（puja），用酸奶、牛奶，或者一種自家製作的清水與發酵牛奶混和的液體澆在溼婆神的象徵石像上，帶著一些水果，來到寺廟誦唱曼特羅（Mantra）[3]。溼婆節的慶祝方式在印度與尼泊爾等地都有不同的傳統，在我所居住的這個喜馬偕爾邦山上的小村莊，許多人會在這一天許願婚姻幸福美滿。

慶祝活動從前一夜開始，印度教家庭在家中播放音樂和著歌舞歡喜的慶祝溼婆神的偉大。隔天清晨寺廟儀式開始後，陸陸續續有十多位已婚女性戴著頭紗在寺廟席地而坐圍繞著神像祈禱。就算不到寺廟祈禱，她們也會在清晨沐浴後換上美麗的服裝或者代表虔誠的全白色衣裝，從日出到日落禁食。放棄食物所帶來的滿足是為了交換願望，有些人是祈求婚姻美滿，有些人希望丈夫長壽、兒女健康。溼婆廟一反往常，當天人潮川流不息。從家中到寺廟再到家中，整個慶祝儀式在溼婆節當天晚上十點多才會停止。

卓瑪看著印度鄰居們盤坐在煙霧繚繞的大理石簷下，盛裝的臉龐與沙麗容光煥發。年輕的男孩們在長輩的指導下準備一種酸奶和甜食混和的飲料，每個前來寺廟祭拜的香客都可以取用。轉角街口菜販商店外的小平台，鄰居請來的三人樂隊從早晨便開始用電子琴和麥克風誦唱現代版的溼婆讚頌歌曲，在歌曲之間朗誦溼婆神的偉大，連續五個小時。卓瑪在自家餐廳前面已經看過了十二年溼婆節，每一年的冬天即將結束時，溼婆廟的祭司家庭與鄰居們便會開始忙碌準備道具與食物。在來到印度之前，卓瑪從來沒有看過這些，到現在，這一切也與她無關。

3 唱誦宗教經文。

溼婆神廟舉行祭典時歡迎所有人參與，不管是在地的居民，外來的移工家庭，或是外國觀光客。有甜食、有音樂、有歡樂的人潮，信眾彷彿參加溼婆神的結婚紀念日派對。儘管慶祝活動因為人們經濟活動型態的轉變已不再像過去熱鬧盛大，神明的庇佑、人們的奉獻與儀式常軌如舊，宗教回應人們的心靈需求，讓人感到平安。一如其他群聚的宗教祭典，這些活動也是年輕男女盛裝出席相互認識的場合，特別是在春天的溼婆節與灑紅節（Holi），男孩女孩臉上青春的光芒、羞澀與歡笑，讓宗教活動增添許多活力。今年的溼婆節一早便下霰，細密的小冰塊夾雜著雨絲，感覺更加性感。陽光在十一點多露臉，快速融化所有冰屑，寺廟的祈禱活動沐浴在陽光中直到傍晚。

一處地方兩套時間

藏人難民散居在印度村落當中，他們從不會參與這些宗教活動。對藏人來說，三月初有意義的日子是西藏抗暴日，紀念一九五九年西藏人民起義抵抗中國解放軍的武裝占領拉薩，那一年也是西藏時事翻轉，西藏史上最大數量人民流亡的起點。在三月十日這一天，全球各地的藏人會走上街頭提醒世人重視對西藏人權受到中國政府的壓迫，他們在自己的土地上流離失所，被剝奪宗教信仰與言論自由，失去對家鄉發展計畫的參與權利，甚至不得不出走。這些上個世紀中到現在不斷擴大且從未獲得完整解決的問題解釋了為何藏人需要流亡海外作為難民努力求生，這些行動也展示了藏人難民在西藏問題上團結一致的立場。在達蘭薩拉和全球許多城市，西藏抗暴日的遊行象徵著團結與驕傲地展現國族身分認同的場合，人們抱持著作為藏人的驕傲與責任走上大路前進，眾多同情藏人難民或者支持他們立場的外國友人也會一同共襄盛舉。

卓瑪如同往年一樣，將雪山獅子旗（西藏國旗）綁在自己和兒子的身上，早晨十點到大昭寺集合聽致詞，然後沿著山路一步步走向三公里外的遊行終點。人們沿路喊著達賴喇嘛尊者長壽、西藏勝利、中國滾出去等等的口號，運用各種象徵性演出來強化遊行的訴求：像是抬著象徵性的自焚抗議者遺體、用彩繪的方式在臉上畫上雪山獅子旗、邀請社會運動者致詞激勵參與群眾等等。隊伍旁邊會有志工維持秩序以避免堵塞交通；當地的電視台，印度的和西藏的，以及國際媒體會前來採訪攝影。藏人們懷著沉重的心情走這一段路，象徵一條渴盼自由返鄉的路途。又或者，藏人社群會替在西藏境內遭受逮捕與迫害的同胞舉行燭光追思集會，以此記住他們的存在，以及他們所承受的苦難有如擠身也經受。

印度鄰居們往往在這一天見到他們的藏人鄰居真實的一面：這些憤怒的吶喊、悲痛的淚水，和沉重但堅定的步履。

達蘭薩拉當地的印度村民，多數人並不清楚這些藏人鄰居流亡的原因與歷史。岡格拉（Kangra）山谷過去數百年來曾經提供許多不同種族的移民庇護，從昌巴（Chamba）越過山口來

三一〇抗暴日遊行行動劇

遊行隊伍當中的藏人與外國人參與者

定居的加迪人（Gaddis）[4]，從尼泊爾來的廓爾克人，從旁遮普來的錫克教徒，和喀什米爾來的穆斯林難民。早些來的擁有土地，晚些來的多半在軍隊或政府單位服務，最近期來的恰蒂斯加爾邦（Chhattisgarth）移工，則是以建築工人的身分租屋暫居。大多數印度村民都同意，藏人和其他族群的移民都不同，有時漂泊不定，有時看似定居的他們是過去五十多年來當地經濟快速發展的主要原因。

藏人難民致力於保存自己的文化，並且建立了各級教育機構，達賴喇嘛的存在吸引了全球各地的佛教徒或心靈修養者來此朝聖或學習。藏人本身也成為當地經濟活動的重要消費者。由於難民身分無法擁有土地與商號，藏人的食衣住行必需品依靠當地供給。在達蘭薩拉的市集可以看到喇嘛穿著的赭紅色羊毛與棉布、做藏袍（Chupa，西藏傳統服裝，也是流亡行政與教育單位工作時穿著的正裝）用的彩織緞和幾十種西裝布料、裱裝唐卡用的錦繡、蒸饃饃用的鋁製蒸籠、煨桑煙用的方形鐵架、儲存生活用品的藏式大鐵箱。除此之外，藥房、數位產品、各種印度料理並不使用的菜蔬、國際匯兌等等，ＳＩＭ卡經銷商的數量遠超過其他城鎮，甚至也有專門製作藏袍的裁縫。

4 印度當地原住民部落的一支。

破壞與同情的力量交纏

人們能在多數商店中發現印度教神明或者上師（Guru）的照片，與達賴喇嘛的肖像比鄰而置，許多小販、特別是計程車司機也會說藏語。這雖是一種商業手段，也反映了人們的想法。當地印度居民崇敬達賴喇嘛，並以這位諾貝爾和平獎得主居住在此地為榮，但他們對於印度政府與軍隊給予這些藏人難民特殊的待遇，像是派員二十四小時保護達賴喇嘛，在眾多流亡西藏的大型宗教儀式或者政治活動場合上出動軍警維持秩序，用印度民眾的納稅金經營藏人流亡學校等等，有時感到不解。達蘭薩拉當地的印度居民也會想像達賴喇嘛年事已高，對當地西藏流亡社群的未來感到好奇。當我詢問這些藏人在他們眼中是否就像印度多種族多語系當中的一支，他們全都驚訝地說，這些西藏人比我們富有又有權力（指的是人脈很廣），怎麼會跟我們是一個等級呢？

印度人眼中的藏人富有且占據資源，藏人看待自己卻不是如此。生存在異地高漲的不安全感，往往會反映在世代變遷的職業選擇與生活方式認同上。當我發現卓瑪的兒子念的是印度私立學校而非西藏人所辦的流亡學校時，我詢問卓瑪做此選擇的原因。因為西藏人的流亡學校的各項設備水準都比一般印度公立學校，甚至是私立學校都來得高，教材上也同時採用印度中央中等教育學程與流亡藏人行政中央所制定的基本教育政策。最簡單的差異是，在印度學校裡沒有教藏文，也不會有西藏的歷史、政治、宗教等等文化課程。這些顯然不是卓瑪心目中最優先的考量條

凝視鄰居遊行的印度當地孩童

集結與公眾談話

件，卓瑪只是簡單地說，孩子將來希望從軍。

當我們採取同情的視角看待藏人難民時往往會有思考上的盲區，以為他們是難民、佛教徒就應該如何，或者不應該如何。藏人本身或許也會有這樣的思考，因為我是藏人、難民所以我應該做些什麼，又有哪些是我不應該去做的。印度人看待藏人有如看待手上不同的指頭，這些長久居留在印度國內的外國人，究竟會選擇成為印度公民或只將印度視為是移民國外的跳板。人類學者傑西卡．法爾康尼（Jessica Falcone）和宗教學者次仁旺久（Tsering Wangchuk）在年輕時共同寫作一篇語重心長的文章[5]，他們說：「大多數流亡藏人似乎都把國家（nation）的概念具體化了，不去解構它或冥想其中的社會現實的無常，去減緩它帶來的深刻焦慮。反之流亡藏人只執著在兩極之間的動態：本地人和陌生人、自我和他者、家庭和世界、我們和他們，這些被強化和建構為具體的二元對立，結果就是可能產生可怕的社會虛構：人們活在過去並對抗創造力和創新；官僚主義障礙也削弱了難民追求成功的能力，從而使得活在當下這樣的信念變得更有意義……誇大情緒痛苦、罪惡感或使用非法成癮物質進行自我治療的傾向；有時甚至暴力（或其威脅）針對自己或他人。在我們看來，流亡藏人就像大多數當代人民一樣，已經被民族、種族的『技術』（technologies）所困住。」[6]他們所形容的有如「社群集體屏住呼吸」的情狀，正是我以濕婆神慶典為隱喻想要暗示的意見，追求集體一致的民族主義表現像濕婆神不容分說的斧頭，或許卡莉女神的憤怒能夠讓祂臥下身來，嘗試做為照顧者與保護者承擔。

卓瑪的女鄰居們在印度教慶典與女神信仰中獲得力量，女神能夠為蒼生帶來力量、繁榮、正義與滋養，也能夠殺戮、燃燼、冰凍她的給予。卓瑪的遊行步履是和其他卓瑪走在一起，面對社群內部的問題，團結代表社群整體的訴求。多重女性身影[7]在春季衝突與重疊，比起陽剛的形象再現更吸引我的注意。

淫婆之夜後連續下了好幾天的雨，混合著冰雹和雨絲滋潤大地，緩解這片土地上印度人、藏人或者外國人對於夏季缺水的憂慮。不論從何時開始紀年，季節彷彿都是一樣的到來與離去。喜瑪拉雅的候鳥仍然冬夏兩季遷移，盤桓的鷹沒有國籍。移民到來與共同生活經驗所產生的文化不同於任何人的故鄉，生命的無常與堅韌於此現身。毀滅後必再重生。

---

5 Falcone, J., & Wangchuk, T. (2008). “We’re Not Home”: Tibetan Refugees in India in the Twenty-First Century. *India Review, 7*(3), 164-199.

6 同前註，頁一九二。

7 我並沒有描寫流亡西藏社群當中女性主義的發展，這是一個相對新的社會發展趨勢，並且伴隨著相當多的反對聲浪甚至是對基進女性主義者的迫害（就如同發生在幾乎每個父權社會當中的）。關於早期的國族主義與藏人女性的研究可參考Butler, Alex(2003). *Feminism, Nationalism, and Exiled Tibetan Women. Kali for Women.*

3-3 達蘭薩拉的印藏族群衝突

十一月初的某日，早上五點，天剛剛亮。巴士抵達下達蘭薩拉市集，重返雪山所帶來的歡樂很快消散，在一片冰冷塵霧中，我隨著其他旅客匆忙將行李箱卸下。昏黃的路燈照著街角大片垃圾和牛糞，早晨的垃圾車還沒有來。我快速從在路邊等待的計程車當中選擇一個看起來較為可靠的司機，趕往流亡政府所在地附近的朋友央真住處。

達蘭薩拉是個因為觀光業而發展起來的城鎮，但它的基礎建設像是供水、送電、手機網路訊號和道路安全設施，還屬於鄉村層次，預期在總理納倫德拉．莫迪（Narendra Modi）的「智慧城市」政策實施後將獲得大幅改善。八〇年代晚期隨著達賴喇嘛出訪各國，特別是一九九二年尊者得到諾貝爾和平獎之後，從世界各地吸引眾多佛教徒與重視性靈成長的旅客來此朝聖或學習。全球化使得這個小鎮徹底轉型成觀光勝地，本地與移民都搶著做旅客的生意。這裡二三十年前就能找到設計旅館、義大利餐廳、戶外登山旅行社、大麻、鴉片、派對。旅客帶進的不僅僅是供給旅

達蘭薩拉的街道

茶館裡向外凝視的僧侶

客需求的眾多產業，也帶來不同於本地的生活方式與嬉皮文化。儘管遊客與藏人眾多，使得達蘭薩拉不像一般印度小鎮，相同的是女性單身一人於入夜後或天亮前單獨行動並不常見。飲酒、用藥等逐漸散播的習慣助長了人性失去自我控制之後從事性犯罪與暴力行為的機率，前者的受害者通常是女性，不分國籍與年齡。

「這裡並不安全，我會調鬧鐘，妳上了計程車就打給我」，央真（Yangchen）在事先商量好的行程安排對話中叮囑我。兩星期之前，在深夜十一點多的達蘭薩拉街頭，一名年輕藏人男性陪同一名年輕藏人女性步行返回住處，在街頭被數名騎乘摩托車的印度年輕男性包圍，藏人男性與印度男性發生口角。印度男性群體一度離開現場，之後其中一名折回持刀刺死藏人男性。傷者送醫後不幸死亡，嫌犯很快全部被印度警方逮捕，完成偵訊並已認罪，進入印度司法漫長的審判程序。

感受因事件造成的安全警示

央真的話讓我格外不安。我拿著電量只剩一％的手機在藏人行政中央的教育部門口等待，在手機自動關機前她自一片黑暗中現身，讓人鬆了口氣。我們兩雙手扛著二十八吋的大箱子沿著蜿蜒的水泥台階下坡，繞道草叢中石塊亂疊成的小路，一不小心連人帶箱跌進草叢當中，兩個女孩在一片暗寂中哈哈大笑。短短十多分鐘，情緒像是在洗三溫暖。

「事件發生後，街頭巷尾，所有人都在討論這起事件。人們振振有詞、對施暴的印度人十分憤怒，卻很少人檢討當時只有晚上十一點，街道兩側都是住宅區，當女孩驚惶大叫求援時，沒有一個藏人從自己家裡走出來幫忙。」

在清冷的早晨，俗稱流亡政府的藏人行政中央建築群下方，單間帶廁所和廚房，當地印度人特別蓋來租給流亡藏人公務員的簡單小套房，月租三千盧比，由於位置的關係特別搶手。央真在水泥地上鋪了地毯，牆上掛了平板電視機，到廚房裡給我做早餐：瓦斯爐烤的藏式麵餅、用奶油代替酥油做成的茶，再配上印度老牌子奶製品公司生產的軟起司抹醬。家裡琳瑯滿目的家當，用料良好的羊毛外套、名牌太陽眼鏡和提包、iPhone、叫得出品牌的鞋靴，儘管這些可能都不是難民用自己掙的錢買的，而是在國外打工的家人探親時捎回的禮物，央真的生活場景仍反應出達蘭薩拉普遍的現象：藏人的生活看起來比他們的房東或者鄰居還要寬裕，而且不介意將富有反映在外表上。

族群衝突的背景

達蘭薩拉的印藏族群衝突主要存在於藏人與加迪人兩大族群。藏人和加迪人，兩者都是在印度的少數民族，因此不同身分，獲得印度政府的特別照顧。藏人由於難民身分得到印度政府協助他們在印度國內定居謀生、自給自足。加迪人是法律承認的少數部族（Scheduled Tribe），因此享有高等教育與國家公職考試的保留名額。在達蘭薩拉，加迪人是早一步定居的游牧民族。自英國殖民時代晚期開始在山谷不同地區定居之後，他們開始自視為當地的原住民。達蘭薩拉在英國殖民時代即是北印總督夏季駐點，加迪人當中種姓地位較高與較低者，其所選擇的定居營區也從行政與商業中心向外擴散。今天在麥肯羅機的科特瓦爾巴扎（Kotwali Bazar）一帶持有土地房產與商號的加迪人，多半屬於婆羅門種姓，傳統上極少從事體力勞動。藏人在一九六〇年代晚一步來到山谷，最初由於語言和生產技術能力不足，只能為加迪人雇主從事苦力或建築工等來賺取現金，居住在經濟與文化中心位置的加迪人和他們的關係近似主僕，身為僕役的難民不僅工作機會要靠當地的加迪人租用房產，購買維生所需物資，這些也都掌控在當地加迪人手中。

限於難民身分無法擁有商號與房屋，且難民出於經濟或情感的需要須與家鄉聯繫，藏人必須付出大筆金錢給經營國際遷移與聯繫相關產業的印度商人，在生活上，也須應付印度房東每年都要漲房租與店租……這些經濟上受到壓迫的情況，令藏人亟欲想辦法自立，也讓造成藏人對印度人貪得無饜的印象。單純利用民族身分劃分群體的危險在於，它使得利用言語傳播的刻板印象排除了經由真實經驗再去認識一個一個人的可能。在底層的生存情境當中，行動者傾向利用最少的成本取得最有效的資訊，當核實資訊需要耗費太大成本，行動者往往選擇採取最經濟的路徑，也就是延續某種慣習，穩當地在我群中不與人異[8]。

對於自視為當地人的加迪人來說，喀什米爾人（Kashmiri）正好與藏人成為一種對照。喀什米爾人當中的權貴氏族由於國際勢力作用於境內的騷亂與戰爭影響生計，在一九二〇到三〇年代來到山谷暫居，印巴分裂後流亡／移民西方的風潮興起，一直持續到九〇年代印巴戰爭結束。九〇年代之後缺乏資本與關係遷移至西方的喀什米爾人再來到喜馬偕爾邦，則多半是沒有受過教

---

8 許多人都是透過口傳（像我）或是新聞報導來認識達蘭薩拉地區的藏印衝突，但這也經常受到媒體報導的框架影響觀點。喜馬偕爾邦大學的教授曾經出版過一篇不同屬性媒體使用不同框架敘事的研究，提供給讀者參考Bhaskaran, H., Sharma, S., Nair, P., & Mishra, H. (2020). Encroachers and victims: Framing of community dynamics by small-town journalists in Dharamshala, India. *Newspaper Research Journal, 41*(3), 333-348.

育的文盲，以單身漢的身分到鄰近邦以苦力維生或經營小蔬果攤、雜貨店，每年返鄉或定期匯寄收入支持家戶所得。而不同於兩波喀什米爾人人口流入的藏人，他們自成排外的團體，拒絕成為印度社會的一分子，並且某種程度上自認比印度人優秀。大量的藏人受到印度政府的容許在當地建立宗教與政治中心，並且受到國際矚目，也造成當地民眾的相對被剝奪感，認為自己的地方成為了「別人的」。在文化上，藏人因為國際遷移網鍊的建立與國際援助交往，在生活方式與思考上快速熟悉西方形式，也造成當地印度人認為本身年輕世代耳濡目染這些西方文化，而造成「污染」。然而印度人所舉的例子當中，吸菸、飲酒等等習慣，並不完全是藏人帶進來的，也有可能是長居達蘭薩拉的西方遊客所帶進來的。但一般印度人認為若是沒有藏人，這些問題人物根本不會來到達蘭薩拉，因此也就把這筆帳算在藏人頭上。印度人不熟悉藏人仰賴國際援助建立起來的謀生方式，也造成「他們不工作就有很多錢，好吃懶做，嚷嚷政治口號卻不見實際行動，酒後又容易有暴力行為，不是正派人物」的負面印象。總之，這是兩種文化兩種生活方式，特別是兩種價值觀缺乏相互理解與容忍的機會，在日常的誤會與摩擦中逐漸產生憎恨與歧視的過程。

市場競爭擴張加深衝突

最初的二三十年裡，藏人為地方帶來了大筆收入，在西藏境內紛擾不斷且有大量難民逐步移入印度的八〇年代到九〇年代初，國際電話亭每天的收入可達八千到一萬盧比，網路咖啡和計程車的經營許可不對藏人開放。藏人在國際政治的利益遊戲當中也逐漸世故，學會被利用也利用不同勢力，讓自由西藏的議題連結更多受眾，也讓藏人的生存機會變得更豐實。達蘭薩拉作為「小拉薩」的名號就是這樣被建立，經營自己作為一個「自由鬥士」的形象，利用傳統西藏文化的符號元素進行文化行銷，加上「非暴力」、「人權」、「中國」等元素，使得發送自達蘭薩拉，不管是來自藏人行政中央或者民間非政府組織的論述百花齊放。藏人來到達蘭薩拉後，若沒有可以依靠的親戚或者要前往學習的佛學院，多半傾向居住在靠近達賴喇嘛的達蘭薩拉，也因為在達蘭薩拉，眾多國內外援藏組織在此提供各種語言與職業訓練，使得缺乏語言能力與順應當地市場的求職技能的新難民，能夠在庇護下謀生與尋找未來的出路。三四十年後，地方社會勞動的底層換成了從其他更貧窮的省分外邦移工，許多藏人甚至向印度人學會僱用童工。而花在花齊這個齊放織過程當中，當地的印度人也在觀察自己能夠在此風潮當中撈取什麼樣的經濟與政治利益，從政客需要選票庫操弄群眾輿論，到對於藏人利用人頭買進土地卻不受到法律制裁忿忿不平，隨著社會生活的複雜化，衝突也轉而為更隱微，以及一旦爆發後更劇烈的形式。

在二〇一六年訪問一九九二年藏人殺死印度人事件發生所在的印度聚落，當地人回顧過去的說法已經受到二十年來時間變遷的影響而產生變化。一九九二年發生的悲劇起始於一樁細故，在一場電視轉播的板球賽加油現場，幾個藏族年輕人為印度國家隊的死敵巴基斯坦國家隊伍加油。

雙方喝了酒，來自不同語言與思考的文化背景，一語不合爭吵之後，演變成肢體衝突。最終一名年輕藏人男性持刀殺害了其中一名年輕印度男性。族群之間的經濟競爭關係以及長久相互容忍當中未被處理的文化差異與不理解，引發了後續當地印度社群抗議，燒毀藏人商鋪與汽機車，要求達賴喇嘛與整個藏人社群移出達蘭薩拉。如今，當我再向當地藏人問起這件事情，憤怒的情緒與對印度社群的不諒解已淡化，多數人不清楚事情細節（因為達蘭薩拉本身就是一個人口大量流動的難民社群中心），而絕少數人會大方承認，當年犯下殺人罪嫌的的確是一名藏族男孩，多數人的回答相當朦朧：那是一個有蒙古面孔特徵的男子，不能確定是否就是藏人。受害者家庭現今已不願意談起這樁悲劇，他們的鄰居告訴我那就是一起酒後衝突事件，並未對藏人與印度人之間和平共處的關係造成劇烈改變。在兩種不同態度的迴避之間，族群衝突對所有居民所造成的傷痕已癒合，卻不會輕易被遺忘。

性引發導火線

二〇一五年的事件中反映出的細節更加複雜，除了族群衝突壓力爆發，或許還有男性之間對於追求異性的競爭。「她為什麼要獨自去男人家，而且待到晚上將近十一點才要回去？」央真和我喝著熱茶在天光中坐在地毯上看新聞做早餐，我很驚訝聽到女性在這個事件中也被認為負有責任。「妳知道，有很多謠言。為什麼那個印度人會在爭吵後又折回來捅刀要殺死那個男孩子？有謠言說，可能是過去在學校的時候（印度男孩也曾經在西藏難民學校求學），那個藏人女孩和印度男孩交往過，這是一樁情殺案件。」

不同族群與不同文化，兩小無猜的年紀，如何定義交往，可能就像如何定義情愫那樣困難。然而對從事教育工作的學校老師來說，談起這樁殺人案件，彷彿在否定他們長期以來將佛教思想灌入學校品格教育的努力。這些老師們相信佛法的文化就是慈悲的文化。他們認為，正如同達賴喇嘛在每年為學生們特別舉行的教導中不斷詮釋教育的意義與目的，教育不是去定義慈悲，而是要引導學生習慣，去上手如何演練它的方式，而內心的慈愛是可以被教育的。老師們從自己過去從學校中所學所操演的這套文化，加上自己的理解與詮釋，在學校中所建立起的信任關係與圍繞著佛教思想的心性，或許無法遠行至學校以外的場域。人都需要一套價值以釐清思想的路徑，對於這些老師們來說，對於學生之間相互殘殺的行為，只能用「酒後失序」來解釋。對於曾經在那所難民學校學習與從事教學工作的我來說，我覺得可能有一些是他們放在心裡未提及的，多半是未經處理過的複雜感覺。最令我感到唏噓的，是事件發生當下有人大聲呼救，窄小的巷道一定能聽見動靜，卻無人出門探查或介入。據說女孩在悲劇發生後，不斷控訴當時安靜的街道鄰居。

「那名印度男孩的父母親也很悲慘」央真說，「男孩的父母在安多村有棟房子，原本一直租給藏人，兩老靠收租金維生。事件發生後，安多村群情激憤，要求房客們全都搬出他們的房子以表示抗議，現在這個家庭既沒有了兒子，也沒有收入，真可憐。」

衝突之後反思共存

來自尼泊爾的藏人諾布，出生在一九九一年的他沒有尼泊爾政府核發的居留證（一九九〇年之後尼泊爾政府不再發新的居留證給流亡藏人），用藏人行政中央核發的身分證明協助取得印度政府核發的國際證件（International Certificate）到印度求學，雖是難民，繳的卻是外國人標準的學費。他用媲美外交官的辭令告訴我，這類衝突事件發生的頻率與次數其實比登上報紙的還要多許多[9]。我們應該用平常心來看待這些族群之間的紛爭，絕對要避免創造族群刻板印象，並且對司法保持信心。

在社運團體為年輕人煮飯的廚師阿姨一開始時對我說，我們活在別人的屋簷下。當我們一起做了一道菜，她才敞開心說：「這些印度人很壞又自負，他們欺負西藏人，也欺負外國人，受不了西藏人過得比印度人還要好（They cannot stand Tibetans doing well），我們的領袖洛桑僧格是哈佛法學博士，一定會出來為藏人主持正義。」我靜靜的聽，或許盲信也是一種解套方式。

在那個深秋寒冷的麥羅肯機深夜街頭，當兇殺案發生而女孩尖聲求救時，聞聲救苦的是一名藏族跨性別者丹增・麻里可（Tenzin Mariko）。或許對經常跨越邊界他來說，所有邊界都可以嘗試越過。或許對於生存的每分每秒都能清楚意識到壓迫與自我培力的重要性的人而言，能敏銳感知他人的苦痛。也或許，當我們意識到自己與他人不同時，在差異的基礎上，都帶有一種謀求普同性的本能。

吃完早餐，央真換上藏裝去上班了。我忽然想起自己把筆電放在巴士上，連忙聯絡朋友的妹妹在上班途中騎機車繞道巴士站趕緊幫我詢問。繳給巴士司機一百元盧比的「保管費」，我回到招待貴客的老牌體面西藏旅館（Hotel Tibet），向老經驗的印度侍者點了一杯咖啡，看窗外人潮流動。藏族行人手上的念珠和印度旅客車尾窗上的溼婆神像彷彿在說，問題存在若是常態，人們自然會尋找心靈的依靠。當所有符號的聒噪沉澱下來，色無本性，所以是空[10]。

9 翻查新聞就可以發現藏人捲入的暴力事件不少，也有藏人本身作為加害人存在於族群內部的暴力事件。沒有通知警察進入正常程序處理的也必定存在。

10 根據《印度時報》（*Time of India*）的報導，三名行兇的印度青年於二〇一七年被判處終生監禁加上五萬盧比的罰金。https://timesofindia.indiatimes.com/city/shimla/three-get-life-term-for-murdering-tibetan-man/articleshow/61897997.cms

3-4 是藏人還是印度人？

藏人在印度以特殊的身分生活，僅有當中一部分人能夠依國籍法取得印度公民身分，保持族群身分邊界不僅是凝聚我群的重要目標，也是一種自我保護的手段。這種意志力行動有時是來自藏人感覺到自己被印度人歧視和欺負，也來自於擔心被同化的靈感——長期生活在印度社會中和主流文化密切交往，而非如其他難民群體被限縮行動在既定的難民營當中，這類藏人和印度人的矛盾點。一般印度人對於藏人有什麼樣的印象呢？達賴喇嘛的名氣人盡皆知，且廣受尊崇，但對一般藏人的印象則相對模糊。遊走在可被辨認與不可辨認當中的中間地帶，也有助於藏人難民避開被辨識出身分可能遭遇的劣勢。在藏人聚居地訪問在地印度人，會收到明白或者委婉的說法表達出羨慕矛盾的情緒：藏人難民比印度人更有錢、藏人獲得的慈善援助和國際網絡使得他們比印度人獲得更多發展資源。相對的，在藏人聚居的地點，藏人成為資助貧民窟的慈善付出者[11]，從事社區工作期望對印藏和諧的社區關係有幫助。

流亡西藏學校雖然是為了收容難民學生而成立，依法必須將一成的學生名額留給當地民眾。校園裡的主流和邊緣正好跟牆外相反，這個大家庭，透過教育傳播一個共同的價值觀、信仰、行為的統一文化，在校園外占主流的印度學生在學校裡是絕對的少數，在班上同學們給彼此取綽號，這些印度學生的綽號只有一個，叫做「印度人」。這些來自尼泊爾、不丹、拉達克、印度的學生長年在流亡西藏學校求學，也學會了流利的藏語。學校機構的文化政治色彩過於強烈，足以造成非西藏身分的孩子產生認同錯亂。

學校教育的同化作用

一名高中部的英文老師曾經跟我分享：「我來自印度東北，我先生是旁遮普省的商人，我們的孩子在這所學校讀書，因為比起同一地區的其他印度學校，西藏兒童村的教學品質跟設備都好得多，但我的孩子有時回家之後常會對我說：『媽，我們要把我們的國家奪回來』，讓我覺得他有身分認同危機。」這種危機感或許是短暫的，但足以反映出這種強烈的國族主義建構繁複的手

11　比如說冬林慈善機構（Tong-Len）這個組織，長期扶助達蘭薩拉周圍的貧童，組織的名稱就來自藏傳佛教文化中自他交換（換位思考同理）的概念。其他還有媒體、社區發展等藏印組織互通聲息。

難民學校寄宿家庭內部

來自尼泊爾慕名至西藏難民學校就讀的學生

續使得年輕學生迷失在日復一日的操演中，甚至參與在這愛國角色展演中發展自己的舞台一角：「我是一個印度男孩，我四歲的時候進入西藏兒童村，在流亡社群中生活已有十三年的時間。當我五年級時，其中一位藏人老師告訴我們關於西藏與西藏人的故事。我想那位老師是一位尼師，她現在已經不在這兒了。我的天哪！你們（指中國人）做了什麼？那是不公平的。我想我很了解西藏人和西藏的問題，我想要向我們的老師致謝，因為她們給了我們關於西藏的知識。所以我親愛的朋友（指他的同學），西藏未來的種籽，妳們必須辛勤用功。例如求取好成績，記住將來要從中國人那兒奪回自由。有時候，我也把我自己當成是西藏人，但是當我看到鏡子當中的自己時，我理解到，我是印度人。」

大多數學生在訪談與自述中所言，他們在進入學校以前並不知道西藏是一個國家，西藏國族身分是在進入學校之後透過課程以及教師的隱微教學而萌芽，那麼，對於即將完成十二年級課程，準備要上大學的高三學生來說，做為一個西藏人意味著什麼？而具備了什麼樣條件的人才能夠被稱之為是西藏人呢？以「Who can be considered as a Tibetan?」為題，我收集了共八十八份論說文，學生們以他們自己的觀點列舉，並且說明做為一個西藏人的認可標準。父母親都是純正的西藏人，或者身上留有西藏人的血液，是西藏人的後代，占了一半人心目中的必要條件。純正的西藏人（Pure Tibetan）指的是在西藏出生，曾經在那兒生活過，會說藏語的西藏人。反之，與外國人通婚之後，血統便不純正，只能算得上是部分西藏人。除了生物性的因素，學生們也很在意是否在日常中實踐西藏文化傳統的生活習慣，包括說藏語、了解西藏文化的基礎知識等等。道德觀念與宗教信仰也被視為占構成「西藏性」因素的很大比例。持有藏人行政中央所核發的公民身分證明，以及印度政府所核發的難民身分證件也被認為是構成西藏人身分的重要因素。或許，只取一小部分接近成年的藏人學生為樣本的結果不具代表性，或者只是在說明西藏性是什麼具有意義。但在離散的文化結構中，認知自己是誰，包含了哪些多重的文化交互作用，是一種來回確認的自我課題。與其說藏人是否必須在印度與西藏兩種身分中擇一，不如說藏人從來不諱言居住在印度對自身發生的影響，包括多元文化、自由民權、政治庇護與經濟自由，更多的是大眾集體記憶，印度的電影、歌曲、流行文化等等對於在印度成長與生活的藏人來說是共享的寶藏符號。他們不會否定這些歡樂的符號曾經給予他們安慰，也會用這些符號與共同記憶去串聯彼此曾經在哪裡生活過的共識，印度的文學、抵抗殖民的歷史、非暴力運動的啟發，透過學校教育與長時間共同生活，這些也融入流亡西藏社會生活文化當中。後現代生活中無法以單一標籤劃出清晰的界線，意義是浮動的，閃現在挪用、再現、再創造和嘗試定義的過程中。特別是曾經處在被殖民被強占脈絡的弱勢文化，在重獲話語權時或許會更加濃墨重彩地做出宣稱。文化是人們活出的形式，但它仍然有既定的基礎元素，讓不同意見的參與者有對話的起點。

一位學生如此分享：「我的雙親都來自西藏，他們經歷過一段艱辛的旅程而來到印度。我認為我很幸運能在印度，特別是在這所學校當中生活。我六歲入學，妹妹四歲入學。我的母親曾經偷渡回去西藏，她在監獄中度過了一段苦日子。現在我已經長大了，也了解了一些關於西藏的政治議題。中國控制著我們的國家（西藏），原因是自然資源。他們（中國人）是共產黨員。中國政府將我們和平的國家西藏變成血流遍地的地獄。印度是流亡藏人以難民身分居留之處，他們（印度人）給我們避難所、衣服和工作，印度是西藏人的天堂。一九五九年以前，西藏人對外界訊息一無所知，他們就像一顆未成熟的青蘋果。他們早上醒來就帶著羊群上山放牧，下山時背上背著一捆捆柴火，他們就是如此生活。」學生接著說明藏人流亡如何帶來現代化和諸多改革，這使得那些單一敘事成為追憶，當代的藏人世代將創意身分表達當作爭取自由運動的重要手段，區分西藏性的純正性不如讓西藏現身造成更大影響力，進而讓西藏的傳統文化、政治困境和環境問題在國際場合顯影。

面對僑胞

流亡西藏學校每年暑假都會為海外僑胞舉辦為期一個多月的夏令營（TCV Summer Camp），讓出生在歐美國家的流亡藏人（多半已取得該國公民身分）回到西藏兒童村體驗西藏生活，學習藏語和西藏的歷史文化。期間學生在集體家庭宿舍當中與一般的西藏兒童村學生同住。西藏兒童村對於自己成為傳統西藏文化教育的堡壘感到自豪，視每年暑假的夏令營為重要的學校活動。十二年級的學生經常拿夏令營的學生對比於純正的西藏人，在他們的眼中，這些夏令營的學生長得像外國人，一句藏語也不會說，不是自己的同類。而大部分的夏令營學生對於西藏的身分認同屬於文化上的身分認同，在政治身分認同上，多半認為自己是出生國家的公民。西藏兒童村的國族教育所指的傳統文化範圍僅限於飲食習慣、穿著等個人的層面，文化當中的社會活動如婚喪喜慶的儀式則未包括在其中。官方民族主義為將傳統文化定調於宗教及道德觀，特別是強調慈悲心、非暴力、尊師長等原則適用於個體從事身分展演的情境。在西藏已然分裂成兩部分的現實情況下，整體西藏社會究竟應該呈現出什麼樣的文化面貌才可以被認定其正當性，陷入與政治利益交纏的眾說紛紜之中，不得而知。

隱憂

這種流亡社群塑造出來的國族主義建構亦有可能延續西藏帝國主義，其中包括喜馬拉雅山小民族成為帝國一部分的影子。來自錫金的學生自述：「當我二年級時，我很確信尼泊爾就是我的國家，我知道我是一個西藏人。但當我三年級時加入這所學校（Upper TCV）之後，每個人似乎都非常在乎西藏議題，每位老師都說：我們是西藏未來的種籽。在四年級的時候，我理解到我的難民身分。我們每年都會去大昭寺，達賴喇嘛住的地方，每個西藏人都會去那所寺廟，當我們見

達蘭薩拉街頭販賣的手織羊毛暖鞋

到達賴喇嘛的時候，所有西藏人都會鞠躬作為尊敬的表示。要不是達賴喇嘛，我們都還會在西藏，活在中國政府的虐待之下。」學生對於自己難民身分的認知明確，始於學校教育的內容，從老師和家長轉述的故事當中他們將國家的身世與自己的處境結合在一起。在一堂和十一年級班級互動中，我問受訪學生：「你認為自己是難民嗎？」「是的，我在一九五九年失去了自己的國家。」「一九五九年妳都還沒出生啊？」「但我的國家在那一年被中共入侵占領了阿！」為什麼我會從中見到帝國主義的陰影呢？因為藏人各項形似國家的社會機構所能運用的資源，特別是第十四世達賴喇嘛的存在，在喜馬拉雅山佛教徒社群當中具有能夠領導的地位。喜馬拉雅山上的住民多半屬於少數散居的群體，說不同的語言，從事類似半游牧半定居生活，藏傳佛教徒占多數。因此我們可以說，藏文化在這樣的山區社會系統當中屬於強勢文化。藏傳佛教的傳播，也多少受到過去西藏帝國吸納邊陲的影響。因此，這個喜馬拉雅山地的強勢文化受到更強勢的漢文化打壓之後，透過宗教慈善的力量復員振興，或許不經意對周圍的弱勢族群也產生同化影響。一體兩面的，文化復興也為海外的難民提供一條「回家的路」，即使觸摸不到真正的土地，也和族人同在而感到歸屬。

回到流亡海外的西藏文化，可以發現西藏文化流亡印度之後，由於難民處境造成生活方式的轉變，也使得許多傳承下來風俗習慣逐漸面臨失傳的危機或者被簡化。以藏人的名字為例，他們名字可以從單名到多個名字組合成全名，並沒有固定的姓與名的結構。多個名字的組合通常會包含地方上廣受敬重的高僧賜名、氏族名（或從屬地域社群名稱）和父母所稱的名號；亦有可能為單名。在流亡社群當中可以發現有大量出生在印度的藏人其名字都是以丹增（Tenzin）開頭，來源自第十四世達賴喇嘛，偶爾人們會戲稱是「達賴喇嘛的孩子」，傳承了流亡者的意志。

再者，以婚禮為例，在流亡西藏社群當中以傳統方式舉行婚禮的人已經少之又少，多半採取簡化的形式。印度西藏兒童村的藏文老師描述過去西藏的婚俗多半是彼此相識的兩家人，由男孩的父親及友人帶著青稞酒到女孩家提親，女孩的父親接受酒禮，但不能夠自己做決定，必須和妻子商量，並且用兩人的星座八字合卦，決定是否合適。若是這門親事說定了，女孩的父親就會將

五顏六色賣給觀光客的達賴喇嘛語錄掛卷

親家送來的酒全部喝乾表示同意，接著兩家人開始商議結婚日期與婚禮的細節，一般的藏族婚禮儀式共分三天舉行，婚禮的花費是雙方負擔。西藏人過去沒有法律規定結婚結婚登記，以公開儀式為準。藏人在流亡他鄉之後由於經濟條件拮据，加上法律未規定必須辦理登記，形成伴侶雙方同居在一起便被認定為夫婦的情況。至於婚姻的標誌，除了男女雙方互贈戒指，一般藏族婦女結婚後必須在腰上繫上一條圍腰（bangden）祈求夫婿健康長壽，但是近年來在流亡西藏社群中這麼做的婦女已經減少很多。印度西藏兒童村的老師表示：「現在很多人結婚後都不綁圍腰，生了孩子以後才綁，好像這個婚結得不確定，隨時可以離的感覺。」為了節省花費而不辦公開婚禮，連婚姻關係也具有流動性，西藏的族群文化展演縮小到日常生活食衣住行，在寄居印度與難民身分限縮條件下，西藏文化的身分認同也更大比例地跟國族認同相結合，政治身分選擇的重要性大過於探討文化內涵本身的純正性。

第四章 流動性的根源與狀態

4-1 面對命運時感到確定

在移動的過程中，人有機會脫離身分管控資料的限制，重新塑造自己對應系統保護作用機制的適應性。與其說難民身分是一種固著於法律規範納入與排除的過程，西藏難民的呈現的是重塑身分的協商過程，以及他們獲取與所付出的代價。

選擇偷渡逃亡的動機

先將一出生即被歸類為居住在印度的西藏難民擱在一旁，討論辯稱自己「用腳投票」選擇流亡西藏而非中國共產黨統治下的藏人，他們在政治與宗教自由上受到限制、日常生活中遭受種族歧視的中國藏人身分框架移動到框架之外，需要負擔非法偷渡的風險，以及中國政府可能對其家人親族實行連坐懲罰。

偷渡之後，他們面臨的是政治身分的不確定。一般而言，雇用雪巴或藏人揹客領隊徒步穿過喜馬拉雅山抵達尼泊爾的藏人，最後都能順利透過藏人行政中央安排的搜救車隊集中抵達加德滿都，在聯合國難民署的辦公室或達賴喇嘛基金會駐尼國辦公室進行登記，然後轉送印度新德里。許多藏人盼望的就是在這個過程中能夠完成他們做為藏傳佛教徒朝聖的畢生願望：面見在世的達賴喇嘛，獲得他的祝福。

宗教原因固然能成為強烈的動機，特別是對於已經退休將餘生用於佛法修業的長者而言，移動到流亡西藏的決定也不乏經濟與政治考量。藏人行政中央經過二十多年國際慈善組織與信徒捐獻的幫助，以及與印度政府長期配合的默契，建立了半官方性質的難民收容機構，能夠負擔新進移入的藏人食衣住行、心理調適、職訓進修以及再就業的需求。對於離開難民收容機構之後的藏人，藏人行政中央區域辦公室會視情況再核發社會安全補助金，在地藏人同鄉社群也會提供支持，降低他們在印度重建新生活的難度。居住在印度的藏人擁有政治表達的自由，可以為西藏問題出力發聲；出生在印度的藏人儘管是難民身分，也可以擁有印度選舉投票權並且轉為印度國籍。由於西藏特殊的政治情況，政治參與批判西藏境內的社會發展問題以及因為種族族群身分經驗的不平等、不正義，是當代西藏人共通的日常生活重要組成之一。與身分相關的受迫與離散經驗，也成為不同背景的藏人統合成政治團體的主要動力。

早期來到印度的藏人當中，也有大量的前政治犯，他們在出獄後往往面臨生活困難與污名，

在南印定居營區建立的大寺院和佛學院，提供無法在境內出家修行的年輕人免費佛學教育，將來若想還俗也沒問題

因此離開家鄉到流亡西藏社群。流亡西藏社群的非政府組織當中針對不同的弱勢族群有不同的組織提供社會保護，協助他們擁有基本的良好生活品質，以及謀生或追尋新的生活目標。

此外，僧尼也占選擇流亡西藏的人口大部分。僧尼這個職業在中國政權統治之前是靠家族的供養以及寺院的封建經濟為生，制度變革之後，政府管控各地寺院僧尼的數量，同時也是忌憚僧尼可能群起反叛，加上西藏社會中佛法修行者的社會號召力很大，可能會挑戰政權。因此，許多年輕的僧尼選擇到印度出家，在寺院所辦的學校中接受基礎教育並修習佛法。這些年輕的修行者背後，往往背負著家人的期待，因為在西藏宗教社會文化當中，家中若有一個以上的兒子，其一必須進入寺院學習，一般相信這對其家族也會帶來好處。

被動接受身分進入新框架的過程

作為一個有國籍的人，我們似乎很難想像無國籍人士的經驗。以身分登記為例，在印度的流亡藏人有三種身分證明文件，一是流亡政府發的綠皮書（The Green Book），做為流亡西藏公民身分的證明。二是印度政府所發的「居留證」（藏人登記證，**Indian Registration Certificate for Tibetans, RC**），證明其為合法登記在印度居留的外國籍人士。持有居留證的流亡藏人在印度境內有住居與遷徙的自由，也有合法的工作權，必須每年到戶籍登記處更新居留證。一九六三年開始核發的居留證，當時僅限於其時流亡到印度的藏人及其後代，按照對待境內外國人的方式命名此文件，但文件包含指紋等內容，加上設於地方警察局，導致某些情形下藏人必須忍受印度警察索賄的積習，致使他們的居留證經驗與一般外國人不同。相對於印度政府針對外國人的嚴格管控，藏人僅僅是形式上接受印度政府的人口流動管理，其長居身分跟地方政府與執法單位形成長久的合作關係，藏人行政中央地方辦公室甚至會在必要時介入斡旋。

沒有護照的無國籍人士要再度移動至國外的時候會面臨最大的困難。在印度的西藏難民的第三種身分證件是由印度政府所發、出國旅行用的「無國籍難民旅行證」（Identification Certificate, IC，或稱黃皮書），效力等同護照。用這本無國籍難民旅行證出國，除了旅行目的地國家的簽證，還要申請印度政府核發的返回印度簽證（return visa），後者往往需要耗時三個月左右的等待時間。缺乏旅行目的地國家所駐達賴喇嘛基金會辦公室的保證，要申請簽證難上加難。一般使用無國籍難民旅行證，就算可以提供財力證明，也無法申請一般的觀光或探親簽證，更不用提大多數國家對於不同國籍的簽證申請者會採取不同的預設立場與特殊待遇，從印度發出的簽證請求面臨的關卡更加艱鉅。

並不是所有的藏人都在出發之前都了解抵達印度之後要面臨的情形，非法的跨境加上藏人從印度和在中國境內的家人聯繫使用電話及通訊軟體避免提及敏感字眼，因此從七〇年代到九〇年代移動的藏人，到印度之後只能走一步算一步。單獨移動到印度的藏人，缺乏家人親友的支持，他們必須想辦法重建與過去在西藏時倚靠宗族親眾完全不同的社會支持系統，不管是透過同鄉會、職業、社區或從事義務工作，融入流亡藏人社群或者融入印度社會，都不是一件容易的事情。因此，在難民收容機構當中學習標準化的藏語與英語、數學，對於培養適應力與自立的人力資本來說至關重要。近六年，難民收容機構也申請了印度空中大學的函授課程，幫助有心自學取得第二學歷以利進入印度就業市場的藏人難民。

在二〇〇八年之後，跨越國境徒步從西藏經尼泊爾到印度的藏人數量大幅下降，取而代之的是以朝聖或觀光的名義短期到印度居留的藏人。「從西藏來的藏人」社群人口大幅下降，青年失業的問題仍在。因為眾多原因離鄉而選擇流亡的藏人往往背負傷痛，這份傷痛可能來自於他不得不離開的原因，或者是在遷移過程中造成的心理或生理傷痕，或者是在抵達印度後經歷的孤獨或歧視。身心脆弱性與工作不順遂會相互影響，也並不是所有人都想要追求穩定生活，有許多人也考慮再次移民。

流亡藏人與印度人士若在商業與生活上的交往中發生衝突，隨之產生民事、刑事等法律問題，主要由印度執法機關辦理。藏人行政中央雖然有司法部門，並沒有警察權。藏人行政中央的法律部門主要處理宗教與親屬相關的法律釐清與判決，並且，法院判決並無警察機關強制執行，屬於當事人合意服從。同樣的，有工作的藏人依流亡西藏憲法（Tibet Chapter）須每年向藏人行政中央繳交一筆數目很小的定額愛國稅。但是這項愛國稅的實際納稅人口遠少於流亡西藏人口，遠不如有正式工作的藏人向印度政府繳交的所得稅。

依據《印度公民法》（Citizenship Act 1955，包含二〇〇三及二〇〇五的增修條文），任何一名居住並工作繳稅超過七年以上的外國人可申請印度國籍，一九五〇年一月二十六日到一九八七年七月一日之間出生的藏人及他們的子女則自動擁有印度公民身分。但只有非常少數的流亡藏人願意提出申請。一般流亡藏人認為比起成為印度公民更傾向保有難民身分。這其中有幾重因素，一是藏人行政中央不接受雙重國籍，成為印度公民會無法在藏人行政中央工作。二是大多數流亡

懸掛在屋外避邪的羊頭骨骼包裹了一層層的毛線，像是難民積攢與使用著各種身分證明

藏人傾向留在流亡西藏社會當中生活與工作，這包括了文化上的親近性，再者是保有國族身分以表達支持西藏運動的意志，與印度社會愈加親密愈要維持國族的界線。第三則是許多流亡藏人以依親、工作或者婚姻等方式移民美加澳、歐洲、日韓等國，難民身分在申請其他國家的難民庇護或者公民權時比持有印度護照更具優勢。

不同情境下的身分選擇

在印度的流亡藏人以難民身分寄居，於法不得擁有土地與動產的所有權，但他們的人身安全、工作權與宗教信仰、文化自由則是受到印度政府保障，並且可以以公司商號的方式擁有房產與土地。在印度的西藏難民，其身分是客，是半公民，或者在公民身分交界的法外之地，可以說多半是出於自身的選擇。西藏難民的困境在於無國籍，但無國籍也張開了機會之網使得移動以追求更好的生活變得可能。這是當代以民族國家為基礎，建設社會福利保障與全球發展階序交織下的產物，合法與非法的移民產業交易使得公民身分成為資訊透明的商品，這個混亂的機會讓期望達成社會流動的行動者可運用的資本範疇變廣了，同時也讓流動資本不足的行動者在這個系統中生存所要承受的風險成本提高，甚至面臨淘汰。

當我與西藏難民交談時，經常想到是命運如何掌握在自己手裡。選擇高風險追求嚮往的目的，開拓更多參考值改變人生道路的人們，卻經常談論命運，並將其視之為一種出生時業已決定的路。用命運來解釋對現實生活的失望，經濟拮据、政治理想消磨，或決定前往西方；或者在這個流亡的過程中成長，脫離傳統文化脈絡的束縛在全球化的背景下決定自己是誰、成長後仍然以離散的方式思考[1]。在考量人口流動政策的時候，往往將移動者視為是一個個根據動機與後果做決定的個體，事實上是某種共同經驗下重新社會化的群體，移動並非是分水嶺，而是策略習得的

1 Hess, Julia Meredith (2009). *Immigrant Ambassadors: Citizenship and Belonging in the Tibetan Diaspora*. Stanford University Press. Houston, Serin, and Richard Wright (2003). 'Making and Remaking Tibetan Diasporic Identities'. *Social & Cultural Geography* 4(2):217-32.

一部分。在第一次移動後運用移動的經驗再次用腳投票選擇下一個落腳處，或嘗試更佳的定居國選擇，經常會被冠以「庇護選購」（Asylum shopping）的名稱。

藏人在不同情境下認知自己的身分、機會、期待、當下情境中的需求與抉擇，我認為這使得身分認同變成更明確、有目的、有指向的行動綱領，可以在不同的情境中現身，也使得主體更有信心管理這項可套利的資本，符合它想要達到的目標，不管是在文件登記上對年齡撒謊，或者是在機構面談時描述自己不曾活過的壓迫與暴力。藏人身分與藏傳佛教密不可分的性質，使得在顛簸中或者在安穩中的西藏難民、移民或者公民，最終都在信仰中歇息，在誦經聲中贖罪，在命運的輪迴中期望來生。

4-2 在同一片高地上衰老和死亡

那些年曾經在藏人社區裡拍的照片，我最喜歡的是在難民學校支援的養老院計畫拍攝的作品。二〇一三年我和另外三位志工結伴到拉達克的藏人難民學校服務，我除了與學校溝通、計畫發想同時也蒐集素材，規畫一部分教案並執行。我認為在學生的生活環境裡取材所拍攝的圖例更能打動人心，以此說明看世界的角度、鏡頭的取景，這樣的創作如何改變我們予人的想法與感受。所以在學校食堂、儲藏室、學生公共服務的區域經常可以看到我帶著相機遊走、嘗試創作。生活中多了我、一起服務的國外夥伴，以及參與影像計畫的學生拿相機拍東拍西，學生們和學校的工作人員也越來越習慣成為影響創作裡的主角、配角或者活動布景。

我們合作的拉達克藏人難民學校是一個以非營利組織登記生存的私立難民學校，靠著國際援助的經費運作，它在拉達克的校區的建校與營運夥伴是總部設在荷蘭的SOS兒童村國際組織。此組織辦校有著從搖籃到搖籃的特質，除了教育機構，它也在地廣人稀的拉達克偏鄉經營小規模的養老設施、和牧民合作手工作坊，製作的商品販售收入用於學校體系內專款專用無法支應的部分。我們在學校的工作計畫主要是用募來的二手或全新相機為生活在主流資源稀少環境的學生開設攝影課，介紹他們將影像作為表達的工具。此外，應學校的要求，我們在二〇一三年協助學校將一批老照片等檔案資料數位化，更完整地保存社群累積不易的歷史資料。

進入當地社群一定會遇到的關鍵接觸

會和參與攝影課計畫的孩子一起進入養老院必須感謝擔任學校管理職的洛桑（Lobsang）。洛桑的職位類似大學裡申請、管理與核發補助項目的負責人。從國際組織撥放的專款和篩選一對一資助計畫的受助學生，企畫說明學校的經營狀況以利募款，甚至是校慶運動會等等活動的公關工作與外賓協調，德里大學畢業的洛桑因為學校的特殊性與業務的靈活多變，工作十多年後的他幾乎在這個自行拓展、定義的職位上無所不能。他就像地方創生經營或者公司裡的全能經理人，用熱情去彌補制度不夠健全、組織流程尚未建立的空白，當然他的權力也是非常大的，在這樣的位子上難免心思複雜，若有一顆良善的心，那麼與他合作除了成果，總是能感覺到更多回饋與感動。

養老院計畫和有機農場，是洛桑以學校作為申請人向國際組織與印度政府取得資助後在社區進行的服務實驗。我們剛來到學校時，因為我之前也在德里大學待過，彼此之間有一些投契，他便很熱情地跟我們交流、也客氣地請我們指教這部分的社會實驗。這是個一開始大約在五十人左右的養老院，住戶則主要是八〇年代初被徵召到拉達克難民營參與建設的單身年長藏人。拉達克難民營剛開始建立的時候只有帳篷，難民們適應與西藏相似的自然環境，也能夠從事習慣的遊牧活動，後來因為公共資源的分配，逐漸建立了以棚戶為主的聚落，經濟逐漸發展後才轉變成磚瓦造的房屋。但房屋形制和西藏境內的樣式依舊相似，因為自然環境的相近性，材料的取得也方便容易，遂形成似舊的新地景。然而這些地景的變化幾乎都是居民從無到有尋找方法和投身建造的，沒有這些經歷過流亡離散甚至作戰的難民們，就沒有今日地方發展的基礎，無論是學校與基礎公共衛生。他們初次來到拉達克時多半正值壯年，有好些人終身未婚，或者伴侶不幸身故，社群理所當然照料他們的晚年。雖然藏人的生活習慣在拉達克適應良好，但是在這樣的地區，依然缺乏良好的居住條件、乾淨的飲水，以及穩定充足的食物。

無法隨季節水草遊居的牧民，必須在固定的地點創造自己的「小氣候」，市場活動的進入讓人們從飲食習慣就開始改變，許多當地沙漠氣候無法生產的用品與糧食需要從印度本土進口，人口成長特別是學校供餐是固定的需求壓力，就更依靠定期從低海拔的地方將物資拉上高原。拉達克冬季道路冰封通常有將近半年的時間物資只能靠航空運送，價格昂貴。可想而知，每家每戶到了秋季下雪前便開始存糧，冬季時能夠選擇的食物種類有限，因此營養也被犧牲。成立實驗農場是希望能部分做到自給自足，也希望能改善單調的伙食與成長期學童的營養。抱持著回饋

老人院住民群像

前輩付出的心意，洛桑帶領學校團隊經營管理這個養老院。大部分住戶過去都在學校服務過，因此當學校的學生輪流過來打掃、清洗、提水換水，學校的廚房送餐食，都是再自然不過的事情。勞動本身、與年長者建立關係、體驗這項學校傳統，都成為學校教育的一部分。大掃除結束後，養老院的廚房奶奶和阿姨們端出甜茶，無論老幼在陽光下團團圍坐，喝茶、說笑。西藏社會有尊老的傳統，但大團體合作分工的方式，職務並不會限定性別或者年齡擔任，大家一起做好事情再一起放鬆、開玩笑、說故事、用茶點，是庶民文化的精髓。在這種合力完成某事的傳統中，人們也會打破世系家族的區隔碰面相識，是最自然的社交場合。過去建房習慣的免費換工、打夯土推平屋頂、甚至是供給工人們用餐的臨時社區廚房，都是帶有此特質的例子。

拉達克是彈性閾限[2]的寫照

在拉達克藏人定居營區走跳，拜訪鄰居親戚，藏人們經常對我們說的就是他們曾經親自去過西藏和印度的邊界，兩地軍隊管理因高海拔而較鬆散，看守邊界的部隊行動起來也不如當地人熟悉輕快。有如描述一場人生中重要的冒險，他們帶著故作輕鬆且滿不在乎的態度說自己曾經一腳踩在西藏，一腳踩在印度拉達克；一邊是祖先的國度一邊是作為難民生存至今領域。「都是同一片土地，吹的是同樣的一陣風，生活在這裡與那裡的人卻注定無法相聚！」我在拉達克的叔叔對我說。他端詳我的臉，要我把藏語學會，「我親自帶妳去那裡看看，妳就能體會我心中的無奈和對國界區隔感到荒謬的心情。」在這世界上自然景觀看起來最像家鄉的地方老去與死亡，感受祖國那邊吹來的風，不知道是一種幸福或者不幸。

難民學校的攝影課只上了一次便成為絕響，因為教案轉移到學校的社團與資訊教師團，由他

---

2 閾限（Liminality）指的是一種模稜兩可、曖昧不明的狀態。

們改編與接續。少了國外來的志工老師作為刺激，攝影與平面設計的課程依舊迷人，只是數位器材在拉達克嚴峻的冬夏氣溫差等挑戰環境中都無法撐得久。剛認識這些學生的時候，他們都還只是十三、四歲左右的孩子，我們多年來靠著社群媒體保持聯繫，二〇一七年他們已經上了大學，成為我的年輕朋友。就像我們計畫最初的訴求，這些難民背景藏人或者印度公民背景的拉達克孩子必須離開家鄉求學，繼續高等教育和求職。因為身處高山沙漠的拉達克沒有夠大的腹地發展很多就業機會，拉達克本身的氣候地理條件也使得遊子返鄉成為昂貴的奢侈品。

當年見到的長者，有多位已經離開了我們。那個下午我們帶著學生透過相機觀察平時在課堂上的夥伴扮演著不同角色：有的擦窗、有的洗被單、有的協調工作，有的專注清理地面上的灰塵。孩子的相機裡充滿了他們對光線和色彩的實驗，沒有一組人拍出來的結果有類似的視角與主題。

在養老院的專案中[3]，經老人們的許可拍下他們的臉和雙手。熟悉歷史的我限縮了自己的視角和創意只專注地看同一種東西，沒有歷史包袱的他們則在那個當下悠遊於自我與工具創作的過程中，練習說著一種我不再懂得的語言：純真。

---

3 關於老年難民在異鄉安養面對死亡，感興趣的讀者或可參考 Scott, Helena, and Claudio Bolzman (1999). 'Age in Exile: Europe's Older Refugees and Exiles'. pp. 168-86 in Refugees, Citizenship and Social Policy in Europe, edited by A. Bloch and C. Levy. London: Palgrave Macmillan UK.

4-3 流動與不流動的流亡人口

二〇一六年，相隔三年我終於有時間回到達蘭薩拉訪友。心情是興奮的，我從三年前租屋而居的甘姆伽（Gamru）印度村子往上走，從印度人聚居的住宅區和幾家食品雜貨店、經過專門出租給長居達蘭薩拉的外國人的公寓群，走捷徑先到藏人中央（流亡政府）的辦公室，政府建築群美輪美奐，辦公時間總是有退休的老人家在這裡慢走運動，還有一個籃球場可以運動發洩壓力。我後來去了趟西藏政策中心智庫，有認識的研究員可以喝杯茶聊聊，再順著卓吉瓦拉路（Jogiwara Road）一路往上，這條陡斜的路一轉身就可以看見雪山和盤旋的鷹，在山城從不需要擔心突然衝來的汽機車，因為人們大多彼此認識。接著經過協助前政治犯落腳工作的風馬日本餐廳，進去喝一杯檸檬熱茶，大姐們仍在附設的裁縫間忙碌著，然後在轉角食品行與小攤販旁面臨一個難題：我是要現在就吃一碗涼粉，還是等一下再吃。

自由西藏學生運動（Student For Free Tibet）的辦公室就在咖啡店樓上，那個會把樂事洋芋片揉碎了配中午員工餐咖哩飯吃的地方，曾經是我田野疲累時休息的庇護所。再經過網咖和郵局，在路邊賣印式醃芒果和蘋果飲料的前方就是本覺慈善組織（Rogpa Charity）的小小咖啡店，這段路開始有比較多的喀什米爾風格藝品店，一路走進市集。羅布林卡文化部的藝品櫥窗總是吸引人的目光，兩三家書店擠滿了人，我去西藏飯店喝咖啡，他們的麵包坊曾經是我在山上學校工作時週末的慰藉，斜對面是手工製造草木回收紙筆記本家庭開設的小店。我的老同事搭了幾個小時的便車特意來相聚，這裡的老藏醫診脈依然準確。我和後來成為朋友的手工藝坊年輕經理相約轉廓拉（kora），走在熟悉的山徑，安靜細數回憶與現實的差距。

山居小鎮的城市化

達蘭薩拉變了很多。自從二〇一五年被列入第一輪智慧城市計畫（Smart City Mission）之後，人們對於基礎建設的發展有很多期待。然而三年多的時間過去了，垃圾處理和交通堵塞仍是市政府與市民面臨的重大問題。達蘭薩拉位在康格拉山谷（Kangra Valley），觀光資源豐富。英國殖民時期留下的教堂、墓園、茶園，流亡西藏社群建立的寺廟、博物館、餐廳，以及白雪覆頂的達烏拉達爾（Dhauladhar）山脊，牧民每年拜訪的神山聖湖也成為受旅客歡迎的健行路線。

過去達蘭薩拉因為是第十四世達賴喇嘛的居所，吸引了世界各地的佛教徒、朝聖者、嬉皮和背包客。近五年，達蘭薩拉的訪客已經轉變成以德里、旁遮普兩地上山短期旅遊的印度家庭，以夏季避暑為大宗。而這些旅客多半租用大型的旅行車或者自駕上山，達蘭薩拉窄小彎曲的道路交通因此受到很大的挑戰。也因此，政府決定建造從下達蘭薩拉到山頂的纜車，期待能緩解交通堵塞的問題。至於垃圾處理的問題，雖然市政府已經增設了許垃圾收集點，然而收垃圾的速度跟不上垃圾累積的速度，也追不上順手把垃圾往山谷裡倒的居民／觀光客，垃圾長年躺在公共區域，增加衛生風險與污染環境壓力。

隨著觀光業的發展，達蘭薩拉的房價也隨之飆漲。我過去租屋的甘姆伽村莊因為跟藏人中央（流亡政府）以及提供藏語佛學課程的圖書館僅有二十分鐘的路程，因此受到外國學生和年輕的政府工作人員歡迎。過去簡單一房附衛浴廚房的水泥建築月租僅三到四千盧比，二〇一九年新建的多是四五層樓、附停車位、兩房一廳的格局，已經漲價到超過一萬盧比，疫情之後價格又翻倍。也因為需求增加，擁有土地的居民紛紛向銀行貸款建屋做起房東，新的房價形成推力把當地住戶往距離中心更遠的地方推，繼續都市化附近的印度村莊。在達蘭薩拉商業市中心，靠近寺院和商業街的山坡上民房也加入長租市場，較年輕的房東看準了每年流動的香客、靈修學生和長居旅客，將格局狹小的老房裝潢成簡單清潔的開放式一房公寓模式，和各種新建的高樓嶄新飯店區隔開，保留了些許印度山居風情而甚受市場歡迎。山區居住的安全性、人口造成的環境壓力和土地仕紳化都是需要考量的問題，並不是單靠數位城鎮、減輕交通壓力或者加強網路覆蓋就能解決的。

同樣的流亡身分，不同選擇

藏人在印度擁有政治難民的身分，可以長期居留印度，並且合法繼承在屯墾定居營區的土地使用權利。這些西藏難民當中誰會選擇留下，誰會離開印度，而藏人的「政治難民」身分是否較一般移民有特殊性？近年來，好幾波通過政府間協調跨國移定居（Resettlement）的計畫針對特定定居營區（Arunachal Pradesh）的居民，或者特定身分人群（前政治犯），篩選藏人人口移往澳洲與加拿大。除此之外，通過組織偷渡前往歐洲申請難民身分的情況仍在持續。除此之外，透過獎學金、選送留學等管道出國的學生與年輕學者，也通常有很大機率習慣了國外的生活並且認為自己的角色能夠在國外有更好的發揮而選擇不回到印度，換句話說，當學歷與工作技能等能夠讓他們在就業與生活安定上面擁有更多安全感，藏人移動者在選擇去留的情況下就更接近非難民的移民心態。

這一批新的遷移現象不似八〇到九〇年代的移工有回流的準備，他們多半是以移民的心態但通過難民的身分前往歐美國家開始新生活[4]。數年下來，我發現那些移出的人口以工作不穩定的單身年輕女性或男性居多，對於西方國家生活有強烈的嚮往或者對於印度的生活出路不抱希望。

4 可參考劉堉珊（二〇二二），〈從南亞到法國：當代流亡藏人的跨國再遷徙〉，《考古人類學刊》第九十四期，頁八九—一四四。

流動到流亡藏人定居營區的中國製華語電視劇碟片

流亡藏人社區商店裡隨時可以購買到來自中國、非正式進口的、符合藏人生活習慣的日用品

相較於這些有資本再次流動的移民／「難民」，留在印度生活的藏人生活與「流亡」狀態相差甚遠。這些出生在印度的藏人因為沒有留在西藏境內的家人以及戶口登記，不能向中國大使館申請旅行證「返鄉探親」。他們從小和印度人一起求學、互為鄰居，能夠流利地說各種印度當地語言，並且熟悉在印度社會生存的法則。父母親居住在不同邦的藏人難民定居營區，子女在不同的城市工作，結婚後成家，孩子在流亡社會裡不同的學校系統接受幾乎免費且品質良好的學校教育，親友環繞身邊，有這些穩定生活的羈絆，這類型的藏人不易流動。

難／移民參與地方經濟活動

達蘭薩拉的觀光業發展，藏人社群的參與功不可沒。除了寺廟這一類硬體的建築參觀，以及博物館的政治文化宣傳，麥羅肯機的街上都是藏人小攤販做著小本生意。阿姨們賣著批來印度製運動服飾和中國製毛衣衛生褲，五顏六色看起來十分溫暖的手織圍巾、襪子和嬰兒鞋；叔叔們賣著自製的背袋、二手的西裝皮鞋。街上的餐館不斷轉手易主，新的飲食消費型態讓更多的咖啡店、自釀啤酒吧、異國料理取代了過去簡單的藏麵館和炒菜餐廳，但總歸還是一個有著正統藏餐菜單的好去處。現在的達蘭薩拉，經常讓我想起大城市裡的唐人街、越南社區或者小非洲。達蘭薩拉也不完全是藏人文化的居處，不到五六公里更往山裡去的小山谷，更有一個二十多年歷史的小猶太社群，而移民帶來的飲食文化和工藝技術在山谷裡扎根，成為新的吸引觀光客的文化特色。

過去針對藏人的研究往往從政治情況出發，然而換個視角出發，達蘭薩拉的地方發展讓我們看到不同地區背景的人群如何在此共生，甚至共享活絡的經濟利益，同時也產生令人憂心的環境問題。流動性在達蘭薩拉的地方發展無疑扮演了重要的角色，此地並非一個團聚密切的地方社群納入難民在此定居，而是難民社群夾帶強力的外國資本與文化資本進駐主導地方發展，但在基本的土地所有權和商業登記等固定資本的國籍限制下，雙方必須合作才能取得繁榮的經濟發展結果。每年大量湧入的印度籍與外國籍旅客代表不同的消費模式，印度籍的旅客多半是團客重視景點觀光、短期度假品嘗異國風情，外國籍旅客追求靈性避靜之旅甚至選擇長居，在繁華熱鬧的度假小城和恬靜自然修行地之間艱難平衡，地方經濟活絡繁榮也會帶動藏人的營利生計與參與地方發展共融，對於行政中央和文資保存等基礎設施的安全性也進一步提高。再過五年達蘭薩拉又會如何發展呢？周圍活佛駐錫地、林卡周圍的藏印混居、逐漸活絡起來的度假村設施，與此中心城鎮有什麼對照？難民在這種城鎮發展轉化過程中是否獲得了更多權利或者新的誘因改變他們的流動選擇？許多相關的疑問值得繼續探討[5]。

---

5 建議參考Choedup, Namgyal (2015), "From Tibetan Refugees to Transmigrants: Negotiating Cultural Continuity and Economic Mobility Through Migration", *Arts & Sciences Electronic Theses and Dissertations*. 643. 他蒐集資料時間是二〇一〇至二〇一二年。

4-4 無焰之煙與淨化之痛

新冠肺炎時期的藏曆新年，在法國的藏人妹妹發了一張照片給我，情景是她在市郊租的小房間裡獨自過藏曆年，用麵粉手捏了一組朵瑪和其他動物站在佛壇上。租屋處的房東是中國人，早在二〇二二到二〇二三年以二位數成長「潤」（run）出去的人口之前，中國移民早已悄悄在歐洲各地增長，進入當地經濟生產活動與置產安家。中國房東在後院自建了四個儲藏間一樣的套房出租，妹妹透過能通藏語、中文和法語的藏人網絡找到此處，她的鄰居都是剛到法國不久的中國年輕人，或讀書或打工。妹妹剛大病康復，我在手機另一端正得著肺炎，朵瑪的影像讓我們想起溫暖的南印，那是定居典禮父母們捏出來的幸福回憶，在西歐乾冷的空氣裡懷念南亞晴朗少雨、不怎麼出現彩虹的天空。我為妹妹去了法國兩趟，一趟我們倆假裝觀光客忘卻我們一個是留學生一個是難民，第二趟加上了十多歲剛進法國學校念書的姪子還有正在學法語的妹夫，我近身觀察妹妹作為母親，感覺到她愛的能量與燦爛。妹妹捏朵瑪是捏出一個對於成家的希望，在法國，她開始

畫家井早智代的作品「獻給自焚的桑嘉扎西和格桑嘉」
For Sangay Tashi and Kalsang Kyab © 2012 by Tomoyo Ihaya

了一家之主的身分帶領著她的家庭穩步往前。

在想書名的時候，我腦中回憶起朵瑪的觸感，想起第一次見到這個東西是在拉達克的寺廟，才蓓帶我去看她在寺院出家的表弟，十七歲的小僧侶指著神壇上他辛苦學習創作出來的酥油花和精緻版朵瑪，提議與我這個外國訪客合影。我立刻與才蓓聯絡，我們聊著書名，才蓓告訴我朵瑪不一定用於溫暖團聚慶祝祭祀的神聖、充滿愛意的場合，朵瑪在儀式當中還可視為是一種心願的替代物，把壞運（我想應當還有連帶的傷心恐懼或者後悔）借助祭師的力量封進朵瑪裡，讓它接著既定的流程軌跡去破碎、散逸、丟失（回歸更大的物質循環）。我聽了之後，想起我在藏南，或者喜馬拉雅山東麓接觸當地藏傳佛教徒社群時，爬到山上往下一看，居民屋頂經常一團一團白色尖角的圓錐體堆積在角落，有時新有時舊，居民們說那是對周圍自然與神靈的敬意與奉獻。才蓓說朵瑪也可放在墓塔或者院落圍牆的邊陲，偶爾也有用泥塑的形狀放在轉經路的周邊，總之是一種眷念。朵瑪意謂著在意著身外事物或者別樣的存在，廣大的世界中不是只有「我」在經歷我的苦痛，或者進而去察覺「我」以外的環境所承受之痛。它的生成與參與在人們生活中，是人們創作與布置的一種刻意的離別、一種詩意的矛盾。

屬於難民的社會韌性

思考中文當中的大難，其複雜糾結莫非是一種難以描述只能點其程度的想像詞，難民一詞直觀地詮釋是受難的人，他們所受的待遇繫於大難因何而起、何時結束。難民承受的難和政治經濟脈絡緊緊相連、猶豫在高度不確定性當中、心理上長期乘載著失落、無可奈何與悲愴的情緒，這種苦並非個人而是社會性的（social suffering）。藏人在逃出或者離開西藏之後，獲得了土地、房屋等固定資源，接收國家政府制度性的優惠政策，還有慈善捐款的流動性資源，有著比其他難民團體更寬廣豐富的空間去實作政治與社會方面的改革，來回應社群內部的需求與對應外界施加的壓力。因為宗教和文化的特質在當代變得很受歡迎，使得藏人身分也成為有價的文化資本，可以運用在個人交涉與政府組織施展外交上面。飽含高度流動性和協作習慣的遊牧居行方式，原本是用來適應高原、低谷、多雪、崎嶇不平等深具挑戰性的生存環境，這些環境的挑戰歷經百年從自然的變成政治的，馬幫、商賈、游僧乃至於山谷中游耕的小家庭，在全球化市場整合、治理分散，甚至國籍身分彈性的網絡當中閃閃發光。從總體的角度上來看，離散不意生長出了更能適應變化的社會結構，在壓縮與被掃除傳統文化的壓力下，危機感讓文化和對傳統的思考更加堅強，甚至成為國族論述的軟實力。

若不以國家凝視的角度來看，藏人社群的變化倚賴著流動與韌性兩股力量發展。固定資產設置的場所使得定居的人們有「住址」相鄰，繼而能有糧食、能註冊金融服務、有自己的地方教育下一代、能形成一個地方社會討論與共作，才能有關於「未來」的想法與計畫。生活帶動雙向的箭頭，一方面是看著中共統治下的故鄉，一方面則是思考如何用手上的籌碼活得更好。西藏社會在流亡之後，從中央政治到鄉里組織都徹底發生變化，僧團的角色以及寺院經營也從經濟結構的上層轉變到文化結構的上層。流亡社群必須不斷地處理流入的「無家者」，訓練他們具備適應印度生活的基礎能力，以及調節與定居地周圍印度地方社會與公民團體之間的關係。以學校為載體格式的制度應運而生，搭上印度給少數民族自治權利保護的列車，藏人「自由鬥士」培育出新一套符合他們難民身分的理想道德標準與價值觀念，有的藏人接受這套觀念，也有的人選擇跟它保持距離並保有自己的自由。經濟產業的發展更加有趣，有的藏人成為印度公民的生意合夥人或者雇主，招待印度旅客體驗自己的文化，期望在印度媒體中露出政治訴求，隱然成為印度社會與經

畫家井早智代的作品「穿越」
Crossing © 2013 by Tomoyo Ihaya

濟劇本中的固定班底。這種己身組織結構調整以順應「大難」的狀態雖近似於討論天災人禍後的適應重建，反映出其社會性的特質。比起一般社會韌性定義更深一層的解釋是，公民身分與公民權也能受到行動者彈性選擇成為經營韌性的一部分，甚至「不具備移入國公民身分」可被視為是更受偏好的選擇，讓定居成為永久性的暫時。另一方面，這項選擇隨著時間拉長，個人的需求改變或者移入／移出國的法規調整，行動者的能動性施為可能最終會帶來更長距離的移動。

在西藏境內旅行時，每天早晨吸入的第一口空氣當中必然帶著桑煙的氣息。後來隨著我在印度喜馬拉雅山區走動的多了，起床後就生火是山區居民的必備生存技能。只是藏傳佛教徒燃柏枝，總有帶著更崇高意義的氣質，那火也不為了取暖，更像是天地間一個人類向神（或者命運）

確認自身存在的信號。定居營區裡的家庭並不一定每日煨桑，印度鄉村莽原的樹木資源珍稀或者不適合焚燒，勉強燒了也不能夠達到同樣的效果。取而代之其普遍性的是手製的藏香，用松柏樹和高原植物製成的香薰，構成我在定居營區醒來或者在田野寄居家庭醒來聞到的第一股關於世界的味道。我能靜靜察覺那個味道和過去的味道有哪裡不同了，但我並不是唯一的一個。煙飄散在空中，抓不準它要去什麼地方，直到在空氣消弭蹤跡。

記憶中有鷹盤桓的山稜變成小木盒子裡一把煙粉，獨自在山上和動物夥伴一起燃起的輕煙變成佛堂裡帶著哀思的香氣，當中許多從希望到絕望，再從絕望到希望的步履已被藏人行過，如今他們的孩子們繼續著旅程。

不被問題化的流動性

流亡的處境將過去多樣鬆散的藏文化與藏人口全部納入，形成一個大的意識形態框架，形塑新的認同情緒。然而，並不是所有相同處境的人都會順服於這個框架，人們可能藉由就學、居住地、職業與社交上的選擇來處理自己跟這個設於海外的文化與社會資本再生產的距離。移入國的脈絡也扮演了重要的變因，城鄉背景差異、印藏之間衝突或者合作、日常網絡的封閉或者開放性、過去經驗累積的見解（perception），甚至是將來的再流動計畫，讓藏人做為行動者在這個跨國、跨境、跨族群的網絡上收集資訊與資源，做出最符合自身利益與需求的決定。

難民在移入國經常被集中管理，因為疏離的社會文化脈絡、脆弱與不穩定性、兩國之間的地緣政治關係等複雜因素，他們往往一開始很難被視為是可以被信任的對象。藏人在適應移入國的過程中卻沒有經歷這些審查與遷徙居住工作權的限制，展示出難民行動者在沒有這些限制的情況下會如何安排，而以「非公民身分定居」的藏人，他們適用什麼樣的法律規範，或者法律可以如何既保障他們的流動權利又保障了移入國社會對於安全的考量，從土地正義、族群衝突調解與商業合夥這三方面可以考量納入「無國籍人士」做為正當法律行為人。更進一步，若缺少了國籍與管轄約束的政府代表，或許可以思考是什麼能夠拓寬我們目前對於人口跨境流動管理的更細緻理解，而臺灣作為一個特殊定位的國家如何能夠制定出符合本身需求的一套難民法。

與安土重遷的農耕社會不同，牧人與游商的生計本就奠基在流動性賦予的多重選擇，它所面對的風險以及從對應風險中所汲取的身心智慧（或者隱微知識）也不同，他們的存在也證明了安穩並非人們唯一追求的價值。藏人難民群體當中保持的流動性在貿易、營生、群體經營、內部治理上都對其社會韌性產生重要的貢獻；因為同情藏人難民群體而加入其中的「志願者」來自五湖四海，他們將這個身體或者身分的流動性又更擴張到階級的流動，或者文化價值的兌現。這種流動性與齊格蒙．包曼（Zygmunt Bauman）所指稱的無根、瀰漫的流動（Liquid）不同，我所指的流動性（mobilities）是一項不受歧視的權利，一種預設的選擇彈性和前瞻多路的思維習慣。

而難民在出走到定居的過程所累積的經驗與能力，並不是將他們變成失根迷惘的後現代群眾，他們反而更敏銳地抓捕參照點、定位座標。或許無奈也能給他們勇氣。如果他們能夠從非自願遷移的創傷中前行，被賦予足夠資源支持處理身心適應狀況，他們也不應該始終被用一種拔根（displaced）的架構來定義，因為他們在過程中會打造出能夠安頓自身的家。

外來的難民先墾荒，再利用經濟作物徹底改變地景，然後推進吸引外人觀光的寺廟變成旅遊熱點。土地先是作為安置「自由鬥士」的空間，隨著土地上覆蓋物增減、水文、廢棄物處理、農業化學物質注入，再到野生動物數量控制與經濟動物飼養屠宰，安置難民使其復員定居成為一種改變當地生態與地景的重要政治經濟因素。這些土地與營生帶來資本，資本累積之後發展城鎮化，甚至能夠影響地方政治與產業布局，藏人以家為基本強力結構與人力財產流動的網絡也改變了印度當地的家庭與祖傳土地經營的方式。隨著印度藏人定居營區土地使用權繼續延展二十年，需要更詳盡的調查去了解這種公共財的管理方式需要如何調整才能同時保護環境與人權。

接著自身與國家等家當之外，或許是一把遷移過程中利用應變（jugaad）精神創新的菜刀，或許是一條碎布編織的毯子，或許是一張車票。平凡的生活物件因為流亡或者離散脈絡被賦予獨特的意義，隨著市代變遷，「家」的感覺和定義也會生產出新的日常政治。

「你到家了嗎？」我在詢問藏人朋友時總是踟躕於是否要在訊息中打出那個home。結果往往因為方便、避免誤會寫成「你抵達了嗎？」因為homing的過程正在進行當中，不是它的完整演奏、賦名歸檔給予人安心，是它的一絲一縷存在讓人踏實。捏出自己的心願，拋上屋簷，與哀傷自憐保持一點距離，讓希望的氣味留存在移動的身體上。

第五章

研究反思手記

5-1 和平與對話的語言

一般人學習語言的時候是抱著什麼樣的心情呢？希望所學習的字彙和正確的文法代表自己多了一份專業技能、希望深化伴侶關係，或者在學習的過程中讓感受到樂趣？如果是難民學習將來若有機會回到故鄉時必須要使用的語言又是什麼情況呢？教別人「敵人的語言」又是什麼樣的心情？

在西藏流亡社群開辦中文課的機緣一直沒有斷，主要因為從西藏到印度尼泊爾的藏人當中，中文流利的不在少數，考量將來就業或移居的需求，具學習意願的人口也未曾中斷。學習中文還有外交情報方面的需求，但我對這部分的了解不深。我接觸到流亡社群中的中文課主因是我需要一個契機進入社群從事田野研究，我對國族身分建構很有興趣，學校機構是具有代表性的場域。我做田野的難民學校校長在當時曾對學校的正式中文課表示：「開辦中文班是達賴喇嘛尊者一直以來的希望，十幾年前他就不斷提倡，但身邊一直有人持反對意見而無法實現。過去我們在學校裡也上過一段時間的漢語課，由西藏來的一位藏族老師來教，還印了四十冊左右的課本，後來老師離開，漢語課就中斷了。今年度重新開始的漢語課，Ama la[1]相當重視，雖然我們無法確定會走到什麼程度，但可以確定的是這個課程將不會再中斷，一定會持續進行下去！」

我開始教語言是一個意外，上大學之後我的打工機會多半是家教和兒童美語補習班，按照教學手冊和學生的興趣設計課程，後來也跟家人成立了一個社區學習中心。在我第一年去印度德里大學擔任交換學生的時候，大學東亞系的中文課程非常希望有母語者協助教學，我就這樣開始在德里大學曾經在中國受訓的印度老師指導下嘗試教中文。印度學生學中文多半是希望自己多一份技能，也很樂於交流文化。教學對我來說像是反思中文學習的過程，嘗試

1 學校創辦人吉增・佩瑪（Jestun Pema）。

藏人漢語老師教藏人學生如何用漢語說「我是西藏人」

了解非母語者的學習方式。交換學生的一年結束之後，我想既然我有了一段時間的教學經驗，或許可以取得一份專業的資格證明，於是在台大讀了一個的師資培訓班證書。沒想到這個意外的經驗和興之所至取得的資格證明，幫助我取得一個回到北印度做長期田野研究的機會。

從臺灣研究生成為藏人的漢語老師

二〇一一年我通過甄選擔任西藏兒童村學校本校的志工老師，又拿到一筆來自雲門基金會流浪者計畫的獎助，準備開始碩士論文田野研究。當時西藏兒童村學校董事會已經有設計新課綱跟培訓師資的想法，將中文教學建置成和北印地語同樣的外語課程放進課程選修。流亡西藏學校漢語課在二〇一二年由興趣社團改為常設。西藏兒童村學校透過臺灣圖博之友會招募對外漢語教師協助其訓練漢語老師，培訓結束後分別分發至各分校及大學中文系任教，隸屬於流亡政府教育部的五所實驗學校亦開始於初中部設置漢語課。

我在最初的教師培訓班結束之後，還設立了「流亡西藏學校裡的漢語課」計畫[2]。透過群眾募資和台大語言中心師長們的幫助，我們順利地得到課本和經費的支持，後續還辦了第二階段的師資培訓，也協助幾位志工利用暑假的時候到學校協助教學。計畫在二〇一四年底完全結束，課程整個上軌道也就不再需要外力介入，我和其中幾位老師仍然保持友誼。原本的自立目標達成之後我們都很高興，接下來的運轉就看學生們的參與程度了。中文課需要穩定的學生參與和老師從事教學，中學部的選修課發展不如小學部的外語課，但流亡社群主導的大學中文課走出了自己的發展方向。

幾年之後，當我再度站在下達蘭薩拉蔬果肉舖和五金行巷子走到底的岔路，春天的陽光暖烘烘地照在我身上，我已經不再是當年那個人生地不熟的中文老師了。我身上已經不再穿著代表西藏兒童村學校老師的拉薩式藏裝，而是菜市場二樓服裝店賣的棉質印度式上裝。

說到拉薩式藏裝呢，那是另一個小故事。當我開始在西藏兒童村學校那座叫做「和平與對話」的學校旅館為九位藏族中文老師上課時，我開始穿上藏裝。這個長袍背心裙加上襯衫的服裝其實很方便活動，更重要的是，它是整個學校女性職工的制服形式。我想用穿著來提醒跟劃分自己所扮演的不同角色，我的學生卓瑪和一位住在附近的家庭媽媽很慷慨地將她們的二手藏裝送給我。每天早上早起處理訪談資料或者備課完之後，七點半穿上這套「工作制服」，對我來說就是準備調整心態開始教學責任的過程。

藏裝作為工作制服幫助我隱身、讓我感覺安全。下午下課之後，我可以繼續在校園裡訪談師長和學生，這套衣服就會避免我在這所寄宿學校看起來像是一個外來者——雖然我經常不優雅地

2 https://www.facebook.com/TCVMandarinClass

提著裙子、調皮跑過泥濘的足球場，別的老師不會這樣。拉薩式藏裝對我來說連結著一個讓我引以為豪的角色，我曾經和許多尊敬的西藏老師們一起參與流亡西藏社群的教育活動，盡我們所能為孩童與年輕人準備他們的未來。但是跟其他人不同，我用慣了洗衣機，從來沒有耐心好好手洗衣服，藏裝長長的背心裙浸泡在水桶裡兩天就算洗好了。因為，我知道我只是短暫待在這個地方。

脫下藏裝以後的我，覺得自由。二〇一六年初我從印度馬德拉斯理工學院的工作離開準備出國念書，住在一個溫暖好客的印度家庭樓上，一室一衛一廚的小房間，後門打開就看得見隔壁鄰居的菜園，每天傍晚喝茶的時候遠遠地打招呼。我的房東太太特別喜歡跟我分享她做的食物，還教我怎麼訂購早上現擠的牛奶。廚房門外掛了個小小的熊蜂窩，那隻大蜜蜂跟我一樣都是一個人住。臺灣駐印度辦事處的郭秘書送給我一把青菜種子，有一隻貓每天都來巡視我的種菜進度順便到我房間裡喝牛奶。每天早上，附近奶農家的孩子會為我送（新鮮無殺菌的）牛奶，我喝了茶、吃兩片酥皮餅乾之後就走路搭短途計程車去西藏圖書館上藏文課，然後到附近的小學或西藏政策中心教中文。下午，我利用網路上找到的北印地語課本和房東家的女兒學習。

西藏圖書館的兩位藏文老師一位是女性出家人，稱呼她的名字前面需要加一個阿尼；另一位是資深的教材編寫顧問，發音非常漂亮。教育部直屬小學的中文老師來自青海，他把我介紹給學生是想讓學生能夠跟中文母語者相遇對話，我也樂於扮演這個不喧賓奪主的角色，我偶爾教他們席慕蓉詩作改編的歌。同樣做為語言老師，我非常欣賞他們的教學熱情、圓熟的課程進行技巧，在與他們相處的過程中我也重新學習與感受藏語。西藏政策中心的邀請則是一群年輕學者提議的實驗，可能我教得不夠好吧，學了一陣子之後他們覺得太難而放棄了。語言變成我和人建立關係的方式，我在功能性的角色身後逐漸感覺到自己內在的寧靜。多語聲響、眾聲喧嘩中我似乎能夠體會哈伯瑪斯談對話，與後現代解構論述背後的失望與活力。

流亡西藏社群學中文的脈絡

應用語言學教授阿內塔・帕夫連科（Aneta Pavlenko）在二〇〇三年出版的一篇文章探討外語教育與國族身分的關係[3]，她分析在三個重要的政治社會轉折（一次世界大戰後的美國、二次世界大戰後的蘇聯，以及後共產東歐）時期的外語教育，當中的「外國性」如何呈現與建構。她指出，課堂之外的社會歷史脈絡會經意地編織進入授課與課堂互動中，她同時也發現某些課堂參與者選擇強化原本的信念在語言學習過程中建立了一個對立的對話他者，或者意識到這樣的衝突張力而選擇消極地不參與。無論是哪一種，那個想像中說這個語言的人，他們的國族身分和學習

3 Pavlenko, Aneta. 2003. "'Language of the Enemy': Foreign Language Education and National Identity'. International Journal of Bilingual Education and Bilingualism 6.

者的國族身分之間的關聯，所造成的情緒張力是課程必然要面臨的情境。在流亡西藏社群中，中文或者漢語，有很長一段時間被視為是「敵對陣營」的語言。我們所訓練的九名學員老師，作為一名流亡藏人而成為漢語教師，他們必須承擔民族主義思想造成的壓力。其中一名漢語種籽老師曾在布店買布時遇到過這樣一個插曲：

> 我們昨天去下達蘭薩拉買布，我們在培訓班不是都習慣說漢語嗎？我們在布店挑布的時候也是講漢語，這時候有一個藏人就走過來用藏語大聲斥責我們說：「妳們明明是藏人，為什麼不講藏語，而要講漢語？」原來在我們的社會中也有人的想法是這樣子的。（訪談記錄，2012/05/01）

我於是問他們如何解決衝突呢？沒想到這幾位老師當下就用藏語反擊對方：「我們是懂漢語的專業人士[4]，你根本什麼都不清楚！」藏人在中國境內缺乏學習與使用藏語的抗爭，持續受到流亡社群的聲援。因此當藏人不在學校課程情境中使用中文交談時會引來側目，並得到用專業化知識身分來回應。西藏兒童村學校的漢語教師培訓的種籽教師共有九位，都是從西藏來的新難民，在印度已居住的時間有一年至十四年不等，過去所擔任的職業有：家庭主婦、廚工、吧檯侍者、無固定職業者，以及西藏成人學校與西藏兒童村學校的學生，年紀在二十一歲至四十歲之間。他們通過語言能力測驗考試後被選進培訓班，培訓為期五個月，結訓後保證分配就業。或許是訓練期間的刻苦學習給了他們建立專業的自信吧。

這樣的誤會也反映出使用中文在流亡社群這個立志以保存文化傳統身分為使命的團體中，可能遭逢的壓力與衝突。這樣的衝突也在教學現場發生，對於我們當時的教師訓練僅僅專注於教學技巧和教師能力的培訓，如何處理衝突需要靠老師們的努力和修養。培訓班結束之後，我到學員們分發之後的學校去看他們，其中一位老師就與我分享了她教學現場驚心動魄的時刻：

學生和我說：「我來印度不是為了學漢語的，如果我要學漢語，我當初幹嘛來印度。」學生私底下還說：「漢語是毒藥，漢人都是敵人」，這叫我們怎麼教啊？（訪談記錄，2012/10/28）

學中文對學生來說的政治與社會意涵

學生多半希望能夠借助中文強化未來求職的實力。流亡西藏學校多半設有學生輔導課，輔導

4　前述這個故事中的老師以藏語的名詞「專業工作者」來界定自己的身分。這個名詞在流亡西藏社群中，是用來描述語言能力優秀能夠替達賴喇嘛或其他高僧翻譯的角色，一般備受尊重。

老師從初中階段便會開始就心理健康及職業取向開始輔導學生與提供資訊，學生對於印度或西藏就業情況的訊息來源也包含已畢業的學長姐或者同鄉、親戚，他們多半都了解難民身分在印度社會找工作時可能會發生的就業歧視。避免的方式是重視本身必須具備專業能力。相對而言較容易達到入學門檻的職業如護士（醫療護理知識）、客服中心接線生（語言能力）等等就成為流亡西藏學子的熱門職業選擇，或者轉而考量在流亡社群內部就業，擔任教職或者公職。漢語（中文）在他們的認知當中帶有自己的性格、特色，顯示語言不必然和國族身分或政治社會背景相關。

我有認識的人在德里擔任接線生，一個月薪水有兩萬八到三萬盧比，那些在班加羅爾進出口貿易公司上班的一個月薪水更高，有四萬，就是因為他們會說漢語，加上英語或北印地語兩種其中一種就可以了。

我們在這裡上班一個月才領不到一萬，去德里公司有車來載，飯也在公司食堂吃，真的可以賺不少錢。（訪談記錄，2012/04/04）

我想多學會一種語言以後可能會比較好找工作吧！將來也有可能回西藏去，誰也說不定，到時候回去西藏我一句漢語也不會說，怎麼跟周圍的漢人打交道？聽說現在也有很多境內的藏人是不太會說藏語的，只能用漢語溝通，他們都是我的同胞。雖然我出生在印度，但

> 將來若是有機會回到西藏，我是一定要回去的。（訪談記錄，2012/04/17）

> 漢語很好聽，聽起來就是有浪漫的感覺。我們常看臺灣跟中國的電視劇與電影，那些DVD在流亡藏人定居營區的商店還有德里藏村都很容易買得到，當然我是比較喜歡韓劇，不過中國的排第二。（訪談記錄，2012/04/29）

在西藏兒童村第一期漢語師資培訓班之前，漢語課早已斷斷續續存在於以非政府組織性質經營為主的培力訓練，還有教育部直屬學校的課後輔導社團當中。在二〇〇八年以前，逃出西藏的難民數量還很多，其中新難民學生大多在西藏及中國境內已接受過一段時間以漢語為主要教學媒介的學校教育，或者至少在日常生活中能夠說幾句漢語。事實上漢語對部分學生來說並非第二語言，特別是學校基礎教育以漢語教學的學生，漢語對他們來說是母語。進入流亡生活之後，反而要適應以標準藏語溝通的課堂，然後再學習英語與北印地語。難民學生的跨文化識讀能力（Transnational literacy）[5]成為他們適應環境並且安頓下來的有利條件，這在難民融入居住國的例子中都很普遍的。流亡西藏學生們的狀況特殊性在於他們的未來充滿不確定性，他們可以選擇返

---

5 Cun, A. (2020). 'Transnational Literacy Practices of Two Burmese Families: An Ethnographic Study'. *Pedagogies*. pp, 286-306.

回西藏也可以選擇定居在印度，或者藉由求學或婚姻再度移往西方國家。學習語言反應他們需要融入當地社會的壓力，同時也反映了他們對當地文化的親近性。中文在印度社會是相對稀少的語言，因此具有學習的價值，語言學習背後的社會歷史遺緒相對淡化。

以前在老家讀書的時候都是用漢語，我們沒有藏語課，藏語是從家裡面學的，來到這裡才知道我們以前學的跟這裡的不一樣，要從頭……但是不算困難啦，有共通的地方。我跟其他從西藏來的朋友有時候講話或網路上交流也用漢語，就是一種習慣，也不是全用漢語。（訪談記錄，2012/03/04）

漢話我會說，但是已經很多年沒有講，都已經忘記啦，這裡說漢話的人很少，只能跟其他西藏來的同學講一講。我聽跟說還行，寫跟認字就幾乎全忘了，我其實有想繼續學。（訪談記錄，2012/03/06）

我就是喜歡漢語，喜歡中國，我說的可不是共產黨喔，那個可惡的是共產黨，不是中國人民，達賴喇嘛尊者也是這樣說的。我就覺得跟漢語很親近，畢竟我在青海念了六年書都是講漢語，我本身的興趣就是學習語言，將來也想朝這方面進修，或許流亡政府也需要這樣的

人才。（訪談記錄，2012/04/20）

夾在中國與印度之間的西藏民族主義在流亡後製造出了一套共享的語言與象徵體系，它的特徵和安東尼·史密斯（Anthony Smith）[6]主張的族群身分核心（ethnic core）相吻合，透過學校當中的身分認同再製，藉由課綱和教育活動重塑經歷戰敗和流亡所喪失的民族自豪感。這個意識型態論述最終被新一代的學生質疑和打破，開始敘寫自己的流亡身分敘事，而這樣的敘寫是多語性的（multilingual）。學生們在自我表述時可以選擇從藏語、英語、漢語和北印地語中挑出自己覺得最貼切的字詞組合來使用。用不同語言寫作時，文學表情有時也有著截然不同的風貌。

> 我這流亡的地方，人們的臉面上，充滿著笑容，是多麼富裕的樣子。但，我吐蕃民族那從心底開始笑起的，那些優美傳統習俗，關於他們身上存在的獨特，似乎和白天的星星一樣，的確罕見。我所住的這國家，是世界上最大的民主國。歷史、文化、五彩的風俗是獨一無二的。可惜我心像一個遠方的客人，沒什麼心情呆在這個不屬於自己的地方。反而時時刻刻準備著，回到祖國的懷抱。外國乃是外國，是一個不能當做自己家鄉的險地！雖然在外國

6 Smith, Anthony D. (2010). *Nationalism: Theory, Ideology, History*. Polity.

的生活是一個獨立的歲月，沒有父母的慈祥和煦的歲月，但是為了一個民族的權利，勇敢地奮鬥吧！！（十五歲少年用漢文所寫的散文詩）

流亡學校教育當中語言使用的社會性會被多重解讀，漢語課亦可成為西藏國族身分演示、敵對情緒的激進化（radicalisation）以及溝通工具三種觀點彼此競逐的場域，學生的批評與積極參與可被視為是一種對官方意識形態的消極反動。更進一步以一個特別激進的例子來說明語言使用和國族身分的關係：在以新難民青少年為主的蘇佳和果巴普學校，每年固定出版的校刊分三輯，三輯分別以藏語、英語及漢語撰寫，收錄學生的投稿創作以及焦點人物訪談等內容。在蘇佳學校二〇一〇年的漢語校刊冬季發刊詞當中，學生們對於自己的漢語寫作賦予重大使命：

隨著時代的脈搏，流亡政府也逐漸走向了新的朝向，流亡藏人也開始有了新的觀念和思想，很多人已經開始領悟到在未來為藏族自由的奮鬥中漢文的重要性。俗話說：拔樹要拔根，治人要治底。藏族未來的命運很可能就掌握在未來中國人民的走向中。換一句話說就是，如果中國底層的人民開始發現共產黨的真面目時，面對整個國家民族的反抗和怨憤，一個共產黨是絕對無能為力的。自古以來，任何國家的殘酷與專制都會引起國家人民的奮起反抗，從而建立一個對人民更有利的新時代，新政府。所以，如果藏族人民從中國基層人民開始著手，讓他們明白共產黨的真正面目，讓他們明白藏族歷史的真相，明白共產黨鳥籠式的專制制度。相信，總有一天我們能在中國56個民族的抗爭中，戰勝無情的共產黨，回到我們美麗自由的西藏。而在這樣的奮鬥中，漢文是一個最有力的武器。只有通過漢文我們才能讓中國人民們明白共產黨的真面目。

溝通工具之外的感受能力

教師培訓開始後不久，為了適當為「敵人的語言」提供不同的形象，我提議舉辦春季詩歌朗誦會，校長先生慨然應允，並熱情參與聆聽了九首他其實不了解意思的中文詩歌。我的目的除了讓學生逐漸習慣這個語言的抑揚頓挫、練習好聲調與情緒表達的韻律，也希望對於語言的想像可以從流亡敘事中解放出來。透過詩歌，學員老師們也可以各自表達自己的審美與喜好。在三月底的上達蘭薩拉，蘋果花逐漸盛開的季節，宮澤賢治的詩作《不怕風雨》、泰戈爾的《頌歌集》在逐漸醒來的春天飄盪，呼應我們心中對於語言學習能夠增進跨文化理解、文化發展與資本，逐漸邁向更多溝通與和解的希望。

做為一位中文老師，總是要面對中國與臺灣的緊張關係如何在兩個版本的語言當中表現，特別是當解釋給學生聽的時候，盡量清晰明白地說明歷史脈絡和不同點，協助學生基於希望使用語言的目的，協助他們為自己做最好的選擇。流亡藏人學漢語的計畫在臺灣募款的過程當中，也遭逢了政治社會轉折的敵對意識被轉譯在非直接對立的情境當中。我當時的角色曾經一度身兼學校的志工老師、課程計畫的負責人、還有實際往返台印兩地執行監督計畫工作的跑腿角色。我在當時曾經自剖心情寫作這樣一則筆記：

儘管許多旅客、志工、研究人員經常在流亡藏人社群當中被他們的生活方式或者面對生命的態度而感動，或者浪漫化、一般化了藏人的逃亡與追尋，我個人認為，從感動而開始的行動往往會隨著服務工作的真實面而消滅了最初的熱情，並且隨著時間所揭露的，關於世間事的方方面面，消亡了一開始純真的意志所存在的理由。許多人問我，為什麼千方百計逃亡出來的藏人要學中文？他們，或許我們應該稱之為圖博人，是為了什麼樣的目的學中文？而妳，又是出於什麼樣的目的花了兩年多的時間協助他們？我認為，做為一個服務他人的人，沒有權力為受助者決定他應該需要什麼、不需要什麼。我們協助他們學中文，是回應他們的希望，所以雖然從臺灣發出的書籍與人才，都以繁體字、注音最為方便，我們提供的是他們所希望的簡體字、拼音的書本與教學。只有在教學方式與如何達到學習目標上，我們可以從本身的專業知能出發，提供給受助者他們原本所不知道的內容，留給彼此個別思考與一起討論的時空，然後等待對方做出選擇。這個方式，也是我做為一個參與者，一個始終抱持著學習心態的助人者，這樣的自尊心，而做出的選擇。

流亡西藏學校從來沒有強迫孩子學中文，也沒有利用體制之便，要求每個孩子都必須要學習中文。「每個人都要會」跟「學校裡必須要有」是兩回事。學校不斷地在詢問孩子是否有意願學習中文，並且提供有意願學中文的孩子學習的機會。一直以來，也不斷地有孩子向學校反映，希望保存中文方面的語言記憶（因為許多孩子在來到流亡學校以前，曾經上過中國的義務教育學校），不希望就此淡忘，失去了這項語言能力。這個計劃的存在，就是為了協助學校去建立一套適合流亡西藏學校的中文課程，滿足那些想要學習中文的孩子們的心願。假如學校裡沒有孩子想要學習中文了，那這個計劃，或者中文課程，理所當然就會停止，但只要還有一名孩子希望學習中文，那個聲音就是我們的工作所要回答的對象。

現在讀來，覺得當時那樣寫下這段文字的人也在一種側想煎熬中激勵她自己，面對預期之外的阻力，如何去化解組員承受的壓力，和自己承擔的責任[7]。

7 語言所乘載的意義，原比我最初受訓成為中文老師時所認知的要浩瀚。而在我以中文書寫這本書的當下，也同樣感到些許自我懷疑，我是否需要將內容翻譯成英文或藏文出版才算是負責呢？

互為主體的撞擊

那時候的我在忙碌的工作當中很難及時察覺到自己的位置（positionality）、多重角色如何影響他人和我互動，以及這些複雜背景條件對我自己的研究分析會造成哪些偏誤。我覺得田野研究工作其實不適合「太忙」。作為志工，工作的重點在於提供高品質的服務，並且考量到學校作為客戶的需求，用自己的專業知識技能去創造解方。但是在長時間高強度的勞動過程中，需要大量時間反思的田野工作能量容易被消耗。我不得不承認，我也處於單一敘事的危險當中，特別是當計畫募款需要「行銷」的時候。作為師資培訓志工參與在學校事務當中，強化了我與機構的信任關係，也讓我看到更深入的學校生活層面，而非像其他研究者僅僅觀察與訪談特定對象。作為研究者，我與受訪學生不存在利害關係，我不評鑑他們的學習成果，也未實質參與他們福利相關的決定，我向機構主管單位與學生本人解釋我的研究性質，前者給我活動許可但後者自主決定是否參與我的研究。我在田野進行到一半的時候就意識到多重角色的重疊有可能會影響資料的信度，直白地說，我不希望聽到他們有意識地為「外國志工老師」準備的一套回答，因此我採取了大量的書面資料，像是學生所寫的週記和作文，以及問卷，從這些學生自行撰寫的敘事當中去理解與詮釋他們的想法。

但其實研究者的主體性一直存在，以一種投身（engage）的態度做參與式研究，也必然要面對研究課題與研究主體對研究者身心造成的衝擊。在漢語課計畫成立之後，我有點從局外人轉變成局內人，成為替難民學校組織工作的顧問與計畫經理，一方面我衡量決定如何說明這個政治敏感度高的計畫，另一方面我需要管控計畫進度進行和資源分配。一些結構上的問題像是太過忙碌的課表、集體住宿制度的家務分工也需要時間、以及中文教學人才面臨市場競爭帶走學校老師。

不管是志工或者研究者，儘管關懷持續，終究是他人生命中的過客。計畫最後剩下的一點點錢，我問現在最後一位留在西藏兒童村學校中學部教漢語的尼瑪老師，我們該怎麼用？去年訪問學校時，大致擬定了製作生字本的計畫。尼瑪老師用手繪畫出生字本的格式，我們用Line來回溝通，最後拜託戈巴爾布林的老師們製作出檔案格式，再送到車程三十分鐘以外的印刷廠送印，過程很長，一點都不快，但效率是每個人在這個環節中溝通充分，對結果滿意。漢語課，這個不在原本學校資源規劃當中要靠外部資源成長，發展過程崎嶇。受訓後的老師在兩年內紛紛離開，讓學校非常失望。二〇一五年印度教育部正式將漢語列為選修第二外語，但是學習中文的學生數量並未顯著增加。我們只希望這些工作將來產出的不只是彼此的互信與夥伴情感，還有對於西藏運動整體有助益的因素。空白的練習本好像一個完美的隱喻，在這個時刻為未知的未來畫下充滿信心的句點。（二〇一五年計畫的剩餘預算結案工作結束前我的筆記）

校長在漢語詩歌朗誦會上跟我們分享他雖然聽不懂但深受感動

站在正在上漢語課的中學生身後看他們書寫，從零走到這一步多不容易

西藏兒童村學校的校訓「come to learn, go to serve」非常打動我，基礎教育資源需要巨大的投入，是一個社會的公共財。我每次回到達蘭薩拉看朋友，總是會回到西藏兒童村學校走走，像個從那裡畢業的學生。當時學校替我們準備的住宿條件非常舒適溫馨，有廚房可以開火煲湯，負責管理客房的管家每天早上會順便替我和另兩位志工老師準備美味溫暖的早餐，她的孩子已是學校的資深社會科教師。我經常去的商店老闆們有些還認得我，我還是喜歡回到下達蘭薩拉市場採買蔬果或家用雜貨，看看當地手工藝羊毛編織的圍巾或者毛毯，和曾經擔任過我的訪談翻譯的年輕人聊聊近況，一邊把更多回憶塞進大包包裡，好像我自己學習語言的課程從來不曾結束。

每次當別人問我會說田野地的語言嗎？我都會心一笑，因為我會在心裡默默思考，是那一種語言？是混合式的英語藏語、中文、北印地語，還是古典標準的藏文，是工具性語言還是情感語言，所為的是哪一種溝通呢？

隨著時間過去，再回到這個地方時和我相識的只有雪山和蘋果樹。我們都出生在一場我們都不曾參與的戰爭之後，繼承的身世卻必須由我們繼續寫下將來的命運。如果習得的語言能夠幫助我們聽見善意，或許我們不需要說服對方接受我們的做法，而是嘗試去理解什麼是彼此共存所需要保持的最佳距離吧！

5-2 田野中的關係與親密

我的人生，有十年以上的時間在所謂的田野中翻滾，少與親近的家人和朋友一起。為了自我保護，我對他人的情緒非常敏感也懂得應對，特別是負面的情緒，這些生存技能意外地在田野中成為關係建立與理解涵義的有用工具。長期累積之後，我成為專業的田野工作者，訊息和溝通觀念之於我有如呼吸一般自然的技藝、如水流和空氣在脈絡中循環。也因此我從個人經驗中了解到規劃與管理人我界線的重要性——若我失去完整的自我彊域，將無法完整說出他人的故事。

關係性的田野工作

我用親密來形容田野工作當中的關係，因為它大部分是純粹的，除了田野研究之外這種一心一意想要了解他人處境、謹守倫理界線守護關懷、努力試圖接近研究對象的行動原則，成果達成的結果就是親密。在不斷深入了解他者的過程中，是無法將自我完全隱藏於交流的對手視野之外的，研究者本身也是被觀察和被窺探的對象。田野工作者可能因為各種動機與目的、機緣和安排、工作計畫的設置而「進入」另一個人的生活，並且在對方知情同意下將人的生命經驗物化為「田野調查資料」。然而，訊息的傳播、流動、意義成形、找到詮釋的韻律這些都需要人與人之間親密而持續的情感連結，光有利益的重疊是不夠的。

在田野中如何建立關係？如何獲取信任？這是每個剛進入民族誌調查的學生都會疑惑的問題。就關係而言，當研究者開始與研究對象交流的時候，關係就已經發生。基於研究倫理，研究者必須說明自身的研究，為何邀請研究對象加入，計畫將他們放進研究計畫當中的位置，尋求哪種類型的資料，對方參與研究可能會面臨哪些風險，分享的資訊如何利用、權限是否可以收回，在說明這些細節的同時，研究者與參與者的關係內涵會慢慢明確，這種契約性質是保護雙方權利與對互動認知的起始點。

但從意義脈絡上而言，這份關係並不是在實際互動後才開始，研究對象過去對於其他研究計畫的印象或者參與的經驗，或者在研究開始之前、二手資料閱讀時形成的一些立場，都會影響互動過程中交流的方式，我會將信任定義為一種情境上的結論，這表示研究對象分享的訊息是可信的（雖然我還會再交叉比對），研究對象認為研究者的行動對他來說具有正面的價值與意義（願意參與），以及對於互動進展下去採取肯定的態度。這種情境上的信任基於溝通過程當中累積的象徵交換、利益交換、情感連帶（甚至包含投射）。這種信任和其他種類的社會關係當中的信任是不同的，因為這種信任指涉的並不是做出一個決定、改變某項行為，而是對於一種非正式夥伴關係的肯認，以及相互認同。我想舉一個反例，是貧窮研究當中的隨機實驗（Randomized Control Trial, RCT）方法，這種方法的介入形式是資源挹注，像是把營養品、金錢補貼或衛生教育補助當成類似醫療行為的「治療」用來測試該介入行為是否足夠有效，以理性科學為原則去試探使用公共資源用來促成改變是否值得。這種類型的研究方法並不需要（通常也不會過多地）思考田野人際關係、道德價值的衝突、以及介入行為是否會導致接受方團體本身產生社會文化或權力結構方面的變化。

光是一個廣角的觀察、超我的目的、甚至是經濟利益的承諾是無法使人打開心防的。儘管報導人認同或者不認同研究者的理念，然而，分享、對話、共學、反思與批判得以開始的是研究者坦然面對彼此的差異，不畏懼把自己放進研究的背景和權力結構當中，並且在紙筆寫作以外的空間展演這個「把自己打開」的態度。允許自身與被研究者的能動性在交談中競爭、追逐、共生，這樣的路徑需要田野工作者去營造氣氛和場合，也就相應地需要學習扮演一種符合該目的的角色。田野工作者並不僅僅是一個帶著紙筆隨時記錄與發問的外來者，田野工作者應該清楚自己與他者的關係，因為多數時間是那份對關係的認知引導紙筆寫出當下的歷史資材，成為政治行動。

生命交錯的感性時刻

長時間的田野觀察有助於研究者做跨時序的比較，對於被研究的個人與社會能夠有較整體性的觀點。畢竟社會變遷從不停歇，許多社會問題並非一時的例外狀態，成形的結構因素仰賴的脈絡也不可能一成不變。特別是在全球化時代，幾乎不再可能找到靜止的發展狀態。同樣地，隨著研究者的生命延續，其生命經驗會改變觀點，長時間的累積也有助反思，甚至改變先前的詮釋，重新界定社會問題的性質與範疇。研究對於被研究者的用處往往不大，感性而言，也不是每個人都會歡迎自己的個人私事被寫成一本書、甚至翻譯成另一種語言拿到完全不知道的地方發表，變成另一個人職業生涯的墊腳石。田野研究者往往能夠做的只是陪伴。因為共享了集體記憶、累積了共處經驗、對互動對象都有基礎的認識，因此能夠成為反彈聲響的鏡子、行為決策的參考值、漆在牆上某一年作大水淹起的高度線。因為我記得，而且我不曾離開，「我」產生了獨特的意義，相對於「當地」。

我所遇到的研究對象通常擁有很高的流動性，這樣的特殊性經常會遇到「人消失一陣子」的狀況。民族誌有很多種方法，跟隨受訪者移動的多點民族誌是能夠適應遷移中的研究對象的工作方式，不過當對象是難民時，還要考量人們希望保留自己的隱私或者過程可能加諸在所有參與者當中的風險，對方的安全比取得一手資訊來得更重要。有時關係當中的親密性來自一些巧合，比方說同齡人同世代自然會視對方為人生對照組，或者彼此之間年齡有差距的時候會有的移情作用。

我第一次聽到索楠（Sonam）自述生命故事的時候大概是那樣的一個時刻。索楠的年齡和我相仿，當她陳述她搬遷的過程、求職的挫折、跨越國境的艱辛和戀愛的甜蜜，我在那個冷冽的山區春夜，像被大錘一記敲醒，警醒地思考我應該如何面對索楠：我必須扮演好我的角色繼續教學的責任，然而我能同情或能理解，她的書寫背後包含什麼樣的情緒，以及此刻她面對生命有多麼疲累。當我還在大學裡半工半讀困惑掙扎於自己到底想要什麼樣的人生時，索楠的生命風光明媚，她的家庭、同儕和鄉里都認為這位美麗聰明的女孩將要開展一片璀璨人生。當我從首都圈獨自出走往海岸線安靜地追尋內心平靜時，索楠搬到北京，第一次正面遇擊針對她的種族身分的歧視。身為一個被異國化、邊緣化，性別身分物化的形象，索楠的女性身體當然而然被認為是一種陳列的工具，她找不到可以發揮她才華的工作，被迫在餐飲場所表演歌舞娛樂消費的貴賓。

當索楠決定要離開這個困局的時候，她又面臨了另一重歧視。身為這個國家的少數民族當中經常被當成分裂分子的族群，她沒有任何社會資本，例如顯赫的家庭或者可以動用的關係，足以協助她申請到護照。公民申請護照這樣受到法律規定的尋常權利，在這個國家的少部分人口身上卻無法實現。如果是我來自那個地方，或許我也會有一樣的忿忿不平，或許我也會願意甘冒極大的風險尋求另外一種不受壓迫的人生。

達蘭薩拉汽車站有許多前往尼泊爾的長途車與道別

某一天索楠忽然從我們的工作團體中消失了，我後來才知道，她獲得前往歐洲的機會，沒有告訴任何一個夥伴，就這樣走了。索楠受到許多的道德譴責，支援工作團體的資方也認為這是決策調整的警鐘。索楠可能不會想到，當一個人從系統中離開，會隨之改變的條件有那麼多。那個內心充滿愛的女孩，因為吃過苦所以總是懷著正義感，對於生命的辛苦她習慣將自己藏起來。從來不會對際遇的艱辛低頭，永遠相信自己值得更好的生活的女孩。

田野研究者儘管事前讀遍相關的書籍，會準備自己不帶任何成見開始接觸田野。沒有什麼是理所當然、沒有什麼不平凡，把每一件田野中的事情當作是精細的禮儀。認真生活與觀察生活的研究者並非天真，只是更懂一些人性的殘忍、卑微和世俗世界的潛規則，然後無視它們。

面對失落與死亡

我不是一個完全獨立的人，在從事田野工作的時候我也會同時尋覓周圍溫柔可靠的人，藉由和他們建立互通有無的友善關係，讓自己在陌生的地方獲得更多安全感與歸屬感。除了來自於外的安慰與舒適，我還會用書寫持續和自我對話與陪伴。我一般使用兩套田野筆記，一套記載事實與訪談內容，另一套記錄自己更私密的感覺、憂慮、焦躁不安，還有關照身心健康的自省內容。兩套筆記都帶有反身記錄思考，揣摩這些與田野中人際關係變化或者自我規範的交互作用。我的第三份筆記是社群媒體上的分享，寫這些東西對我來說大多是當下的娛樂，變化筆法和田野以外的人際圈分享，有報平安也有調整進出田野心情的作用。訪談筆記我看情況會用打字或筆記，個人的日記則通常是筆記加上繪圖的形式。離開田野之後再回去看當時的記載，有助於再度進入情境或抽離情緒觀看事實，在我後來研究人的情緒敘事與行為時帶來不少幫助。

田野研究以感官和自己的身體進入場域體驗和操作，不可避免地會受傷和面對死亡帶來的失落。二十幾歲剛開始跑田野訪談的時候我還沒有切身經歷過親族的死亡，後來訪問的對象大多是上了年紀的長輩，在談話的時候往往感覺死亡就像在身旁。老先生老太太像是「沒有明天」一樣地不斷訴說著過去的回憶，往各種細節補充。那個沒有明天或許是我自己的煽情，但訪談令他們感到自己豐富的生命在不同階段不同眼光當中具備新穎的價值，為了趕在死亡之前完整敘說，他

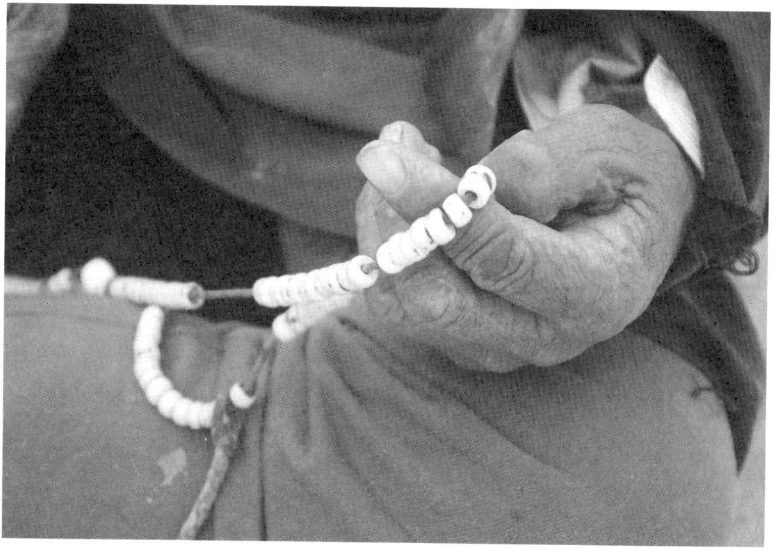

最靠近西藏的流亡藏人養老院中住民不斷撥動念珠的雙手

想化身成蝙蝠俠的小心願

們像在賽跑一樣往往比我還不容易累。老人過世之後，我的感覺是像心裡有了一個大洞，往後就再也見不到面了，再也無法再次表達他們在我的研究過程當中有如燦爛的太陽，令萬物生長，讓我的話語令太陽的光芒更加閃耀。我感到默默地惋惜，同時又覺得這對於老年難民無盡的等待來說也是一種解脫。

如果問我田野研究工作最吸引我的地方是什麼，我想就是這種人性之間相互羈絆牽掛的溫暖。因為嘗試了解與被了解，溝通建立在一團善意之上，即便情況複雜混亂，往往會對現實更通透、對人情更加寬容體諒。這種親密並不是指肢體、依附方面的親密，而是一種角色上相互依賴認可的親密，它超越理性與功利的部分被最初的契約牽制，對那份契約的理解和相互對待的經驗決定親密的程度。不在乎這些顛簸與失落、對關係經營不上心、只是一心想貫徹控制組、對照組，或是資料完整性的田野工作是危險的，它不僅有可能生產出不實際的觀察結果，更有可能化約被研究社會與研究參與者的複雜性，讓他們扁平化變成報告文字當中機械式、直覺式的存在，最終可能導致與心疏離、道德觀相互碰撞的衝突。

當我離開田野工作現場，我依然會記得我所認識的那些人，而他們也會記得我。我會得知他們升學、工作、戀愛結婚、患病與喪生的消息，那時我會站在研究者與本我的界線上，謹小慎微地表達我的關懷與依戀。不同的研究課題適合不同的研究方法，我的方法是無法被複製的，因為交纏了我自己的生命。但我想分享自己的經驗與其他從事田野研究工作的人參考，跳脫命題框架與研究倫理，某種程度上人生即田野，但願更少的人因為參與田野工作而受傷。

5-3 我的西藏媽媽

西藏媽媽來自阿里（Ngari）。她說她的家族是從拉薩南方遷徙到阿里，但是女人是會在不同社群之間婚嫁移動的，血脈名義上只跟從父親，所以她也說不清楚自己的家族是來自何方。

我出生在阿里，她是這樣告訴我的。我出生的家庭裡，母親生了十個兄弟姊妹。我們的生活是放羊、放牛，父親和哥哥騎馬帶著動物和一家人移動。我們從很小的時候就要習慣騎馬，她說的時候常常笑彎了眼。我看著矮小又開始駝背的她站在南印度乾燥莽原的大太陽下，濃密潤澤的長髮被光熱蒸得邊緣褐黃。她露出腕骨的雙手垂在寬大衣袖外，腹部凸出、臀部像一棵長得完好無缺的百年槐樹。我的腦筋連不起來這樣身材的她騎馬的樣子，只能害羞地問是高的馬或是矮的馬。她看出我的窘迫，笑得更深說道：我們從很小的時候就熟悉馬，但大多數時間我是一個人雙腳行走，跟一群我負責照顧的羊。

我沒有去過阿里，阿里在她口中是一大片看不著邊際的沙漠和草原，還有遠遠地你無法看不見的山脈。她用拉達克的風景為我解說，她知道我去過拉達克，兩年之間在那裡住了夏秋兩季。阿里美極了，我用Google搜尋她口中的地名看著螢幕說，她說離開了之後才感覺到美麗，住在那裡的時候我們不會這樣形容它。她說阿里大得幾乎沒有人，妳知道周圍住了誰，但妳不常看見他們。即使不常見到他們，但妳知道他們都在。動物迷失的時候、受傷需要幫手的時候、生命的出世與祭喪、被恐懼與榮耀包圍的特殊日子，妳會通知他們，他們會明白有義務到場。在阿里做鄰居的意義是騎馬三到十天去辦一件事情，去見一個人，對方以相同地慎重迎接你的到來。她和丈夫們把這個習慣帶到了流亡之後的人生，每個新年初始，清晨五點潑完青稞粉和酒，準時給拉達克的舊識與加拿大的兒女打電話——此刻她是世界時區的中心。那一刻她是歡樂與安適的中心，在我眼中。

只有我問起來的時候她會說自己怎麼離開阿里的，那對她來說已經是太久遠之前的事情。我那時喜歡我的羊，晚上的時候我們睡在一塊兒，牠們給我溫暖。我一個人負責照顧牠們，不，我不需要其他人的保護，我保護我的羊。她說許多她和羊的溫暖記憶，她的笑容會停頓在某個句子結束前，像洗碗池的水流個不停，搖晃的倒影裡看不清楚她真正的情緒。她那時十三歲，長長的頭髮摻著彩色絲帶梳成兩條辮子，那是她全身上下唯一輕快燦爛的裝飾品。我從沒有上過學，我在家學會說話、家務與牧羊。不，那時我父母還沒有計畫要讓我出嫁，我們不像印度人結婚得早。我和羊所在的地方離家族居住的房屋並不遠，我們斷斷續續地聽穿梭此地的商賈、牧民與兵員說過，東方並不平靜，至高無上的達賴喇嘛跟中國人的軍隊正在斡旋，聖者的生命安全受到威脅。有一天晚上，我守著羊群想著聖者的安危，還有情勢接下來會怎麼發展，我的羊睡了但我還醒著。當她這樣說話，描述一個聽起來具有非凡意義的時刻時，我知道這通常是一種總結生命經驗與其相關的痛苦的方式，她用詮釋與敘事的力量和過去那個無法操控命運的自身和解，而我在驚訝中順從聆聽。我的任務是記得，我除了是她的親人之外還是一個研究者，我本人力所不能及的由我的筆電與攝影機代勞。偶爾我為她的高貴儀態所說不出的哀愁而哭泣，但她自己並不哭泣。我在她面前藏起我想哭泣，我想像她的無助，但我更在乎她的驕傲。

「我尊貴的母親，五十五年前是一個小孤女，除了自己身上穿的破羊皮棉襖之外什麼都沒有，連自己的名字都不會寫，她不能照顧她的羊了，只是跟著逃難的隊伍一直走了。邊界過去了，她眼睛裡只有至高無上的達賴喇嘛沒有別的，沒有羊羔、沒有父母親、沒有強壯的兄弟和馬匹、甚至沒有飢餓也沒有身體上的痛楚。野狼、子彈、冰雪和溽暑沒有擊倒她，母親這樣子來到了我們身邊。」某一天我和母親核對了上面這個我想像與美化出來的畫面，她立刻訂正了我的想法，告訴我雖然她是自己聽到了尊者出走的消息，但離開阿里的時候她並不是自己一個人，有父母親同行。

一九五九年前後跟隨第十四世達賴喇嘛出走的藏人據說有一半在印度死了。母親說她很幸運，因為她年紀小所以得到了比較多的照顧。她跟在當時的瑞士人道醫療團身邊跑腿，然後學校潦草成立之後，她的年紀又夠大成了第一屆入學的孩子。一開始能不能夠發學歷證明誰也不知道，只是生命應該要繼續是彼時教育的意義。她因此學會了英文，後來跟隨丈夫們在不同屯墾定居營區搬家的時候，她都能輕鬆地找到學校老師的工作，為家裡帶來穩定收入和享有較高的社會地位。我說我很幸運，母親如果不會說英文，我找不到能夠跟她對話的鑰匙，可能也就不能夠像現在這樣親。她聽了總是不滿，要從頭教我藏語，說藏語在她心中才是真正能夠對話的通道，而我藏人部分的自我尚未出世。語言作為溝通的工具，就是弱勢人群謀生的方式，他們必須跟情勢湧進的各種利害關係人洽談和協商；必須說明自己的困境同時保持尊嚴；必須對社群家庭與自我交代行動的正義；必須對下一代負責任，同時複製出，西藏流亡者的形象。

我在成長過程中經常逃避母親，臺灣的母親對我來說像一團積雲，走近總要下雨，她背負我看不明白的人生難題。在我對自己的人生與未來感到迷惘疲倦的時候，我在田野研究的過程中和西藏媽媽相遇，與她的關係簡單許多。

逃亡是為了活命，逃亡也帶來死亡。理性催促得有人為這些非預期的折磨負責任，仇恨是非常有效率的工具。多年來我研究當時的馬幫如何成了民兵與印軍，我採訪第一代流亡藏人和他們的孩子聽他們追憶從一九六〇到一九八〇年代如何在異鄉打造家園的故事，二〇〇八年之後我在學校裡教他們的孩子應該毫無恐懼地表達自己的聲音。我跟她和爸爸們不討論這些沉重的事情，我們討論吃的東西、最近營區裡的活動、小外甥的喜好、天氣跟地裡種的芒果。她和爸爸們沒問

在近四十年前屯墾剛開
始時親手做的菜刀

南部難民營家裡栽種的芒果園

過我為什麼對這些題目感興趣，他們只是在逐漸褪色的記憶中搜尋我的問題的答案，不管那是關於戰爭、貧窮、掙扎、失落或者背叛。我們從老照片裡重新思考活過的生命在訴說中的樣貌，不曾覺得因為是難民身分，那些喜悅、牽掛與憤懣就有所不同。母親拒絕妒恨。她把治家格言寫在廚房的窗戶上，然後經常對我們說要把自己的人生活得豁達開朗。十六歲的她在難民營裡與家人重逢，整個親族已零落。她在人生最好的季節遇見了同樣來自阿里的男子，他十七歲時就當家養活一大群人、馬匹、牛群和襁褓中的弟弟，來到北印度時整副家當付之闕如，養育的責任卻未減輕。他們結婚了，沒有父母親的祝福、沒有置辦喜慶的餘裕、但有祝福與相守人生的承諾。那時的母親在黑白相片裡看起來像一個過早成熟的少女，眼神平實嚴肅，和現在笑眼帶花的樣子完全不同。

那個少女與她的母親走出不同的道路，她早早結婚，卻二十多歲才開始計畫生孩子。受過教育的她，所生孩子數量是她母親的一半，每個孩子都受到了完整的營養照顧與基礎教育。她的丈夫不願意在辛苦危險的築路隊花費力氣，用過去做生意的智慧在那個亂世尋找更好的謀生出路，最後決定從軍。在養育孩子從幼童到中學的階段，孩子的父親們都不在身邊。她在學校工作，她的孩子也就在學校如大家庭一般的環境中成長，與人應對進退熟習有自信，後來都找到了自己的出路，成為醫者或師長，徹底擺脫貧窮。

母親與父親的婚姻生活前二十年都是聚少離多。為了安家，他們流徙印度次大陸從極北到南端，先是受召去了拉達克墾荒，然後抽中籤到南印度學務農。我拿著學校歷史課本指著一九七〇年代拉達克高山沙漠上的帳棚問他們時，他們說他們好喜歡拉達克呀，那裡跟故鄉那麼近，山脈是相連的，土地也是相連的。他們在那個像歡樂谷一樣的拉達克，復刻想像中不曾流亡的家庭生活過了幾年，終究因為現實謀生不易決定跟隨新的定居條件與工作機會南遷。一九七一年第三次印巴戰爭開打，流亡藏人組成的二十二軍團被派往印度孟加拉邊界的吉大港山地執行突擊任務。母親感覺到可能會在戰事中失去父親，她將生活重心轉向為學校跟社群付出，在團體生活中找到穩定心神的力量，去平衡對丈夫的思念與憂慮。作為西藏難民在印度，總是對身分、財產、工作的保障感到高度不確定性，這些收容國給予的救濟與地緣政治情勢化解不開。母親在學校微薄的收入之外，織毛衣、織地毯，他們的兒女學習收玉米、養牛、開鑿地下水、種果樹、唱飲酒歌、跳祈福舞——這些是為了生存，也將生存的意義政治性地轉化成記得自己是西藏人。

這樣的不確定性使得她的第二個兒子很早就決定要「移民」。十年之後寄回大筆匯兌重修南方定居營區老家的房子，也正式宣布了不會再回到這個所謂的「藏人等待返家」的中繼站。母親對於新修的屋舍與不會再歸來的藏人兒孫之間的連結總有化不開的情緒。二〇〇〇年前後母親的大女兒因為與情人分手心碎辭去了醫院的工作，思量後也決定找門路去北美從事護理師工作。這個令母親日思夜想心疼不已的女兒幾年後順利取得了準公民資格，溫柔與寂寞有了伴侶、找到了共度一生的對象，是個背景相似、年紀較輕的藏人。

母親與父親成為我的西藏媽媽和西藏爸爸是在這些之後的事情，在相遇之後他們成為我在近十年研究生涯中的根，讓我在系譜上成了有人認領的孩子。他們津津樂道的是我們一開始認識時我買糖的故事。我在流亡西藏智庫上班的研究員朋友是爸爸定居在拉達克營區的妹妹的女兒的大兒子，介紹我到這個定居營區訪問已退休的二十二軍團老兵，打了電話給媽媽說我要上門求助。因為身分證件限制的關係我只能在營區外七八公里的小城鎮租了個房間住下，然後搭瓦斯三輪車日日進入營區訪談。媽媽和爸爸看見我的第一個反應是咧嘴微笑，然後開始拍打餵食當時看起來風塵僕僕跟知識長期作戰的我。剛見面的時候除了互報家門，我們沒有共通的話題，我對藏人定居營區的了解頗深因此他們說了幾句也覺得沒意思，媽媽爸爸於是開始問我喝茶放糖嗎？吃飯喜歡摻辣椒嗎？住在達蘭沙拉教書的時候學校食堂供飯最喜歡吃什麼？他們讓我吃喝我就乖乖照辦，覺得不好意思消耗人家糧食，又誤以為他們定居營區太偏僻，連買個糖和食用油都麻煩，於是隔天特別請瓦斯三輪車司機帶我去雜貨店把這些我以為缺乏的物資都買齊帶去。母親看到那一大包砂糖哈哈大笑，父親則一語不發找出個空罐子，把東西都放進該放的位子。為了解決那包他們因為健康顧慮而不吃的糖，我們去父親的芒果園帶了二十幾顆青芒果，我花了一下午指導他們一起做了情人果。媽媽說，那些冰冰涼涼的芒果冰我們吃了一整個夏天，還跟左鄰右舍分享。不久以後，我的身分開始在家人和朋友之間流連，再不久之後，我成了他們那個不尋常的女兒，爸爸媽媽也不再只是一種通用的敬稱。

藏曆新年布置

帶有傳承意義的新年祝福儀式

儘管蒼老，或者稚嫩，依舊奮力生活的西藏家人

媒體在我們的情感交流中扮演重要的角色。有通訊軟體跟智慧型手機之後，母親也經常寄一些上師開示的影片給我，要我即使聽不懂那些古典藏文與中級以上的對話也還是可以放來聽。她的心意總是一片懇切，除了責怪我對於學藏語總是不夠用心，她不曾對我的信仰或者思想指手畫腳，她分享那些純粹只是因為她希望我離開此世之後能夠更好。我經常放流行的藏語歌曲音樂影片給他們看，存好藏語電影與電視節目的硬碟然後寄回去，即便這個標準藏語也是他們流亡後才慢慢學會的。我們在一起的時候經常看印度老電影，我那成長在定居營區的小妹有一副唱印地語歌曲的嬌柔好歌喉，但是愛情對我們來說卻不像電影裡或者像父母親演示的那樣浪漫踏實。

我的西藏母親給我很多很多的愛，每篇與

西藏或流亡西藏有關的文章若她不認同，會讓我感覺焦慮。我的身體不來自她與父親的身體，我除了面對內在學術研究專業工作者的目標寫作，也面對著他們告訴我的道德標準寫作，使得我的作品都是難以歸類情感類型的關係再生產。我十分幸運變成一個有地址的人，或許這樣的情況也沒多少年。像她一樣流亡印度的第一代藏人都在人生的最後階段或已轉世，在他們之後，幾乎所有稱為流亡藏人的南亞藏人生存型態更接近離散，他們生命中的逃與難更細微與多樣，不再是集體與暴力脅迫式的流亡。

西藏媽媽的表情符號用起來可以沒有休止，我的臉書狀態更新無疑提供給她眾多娛樂，她要我千萬保重自己，照顧周圍的人。她抱怨上了年紀後身體的活力、聽力不如以往，比從前更難入睡與多夢。第一代流亡人生在南印的土地上畫下休止符，等待著他們的是回到輪迴審判迎接下一世的生命型態，衰老與死亡只是過渡。那些未竟的夢想、尚未贏取的戰役、回不去的家園……地景早已隨制度變遷，國家民族的對立卻永遠年輕。

我早已對誰的國家或誰的身分認同感到疲倦，我用這樣不西藏的心與身體從母親那裡獲得不求回報的愛與教誨，社群感與保護網絡，這些流亡中長出的權威對於我變成了什麼樣的流亡藏人研究者有著決定性的影響，我不願成為任何一種意識型態機器的一部分。我的西藏家庭是我思考這個社群發展軌跡的靈感泉源，也是我書寫過程中自我懷疑的時光，母親的存在尤讓我感覺謙卑，她讓我看見言語在空寂中明滅，我反身告訴她無常輪迴中仍會有一些無從預期的喜悅。

後記：十七年蟬

在我二〇〇五年第一次背上背包爬上貨卡走過波蜜到理塘的斷路要去拉薩的時候，如果有人問我是不是會在未來寫一本關於藏人的書，我可能會大笑說，等我先爬過這些不斷下滑的土坡吧。我的人生險象環生，幸運地一直有溫暖的人伸出手借我力量跨越難關。那年我在拉薩認識的第一個家族小女兒今年成年，而我只是被時運推動的人，彼此牽繫因緣仰望著星空在大河中隨水流漂浮的眼神。

二〇〇五年第一次踏進西藏，藏人稱呼中國背包旅行者像蜜蜂，帶著自己的浪漫計畫來到高原說他們自己的故事，我有一雙謹慎敏感的耳朵。旅行中的我被各種震驚與觸動的故事充滿，生活在壓力和悲傷中的人大多喜歡對陌生人傾訴。二〇〇六年和二〇〇八年，我再次回到中國和西藏，與舊識碰面也探索更廣大的藏區，我在拉薩遇上一群正要離開西藏的孩童，他們的老家在遙遠的半農半牧區，對於接下來要去的地方印象只有大巴上面放映的寶萊塢電影。我在二〇〇七年申請研究所時想研究的題目是〈藏人流亡的國際移民鍊〉，並且選擇了一個能出錢讓學生去做田野的雙聯學位。不巧，大我一屆的學姊在田野研究時在西藏自治區被中國警察強制出境。所內幾位老師都勸我不要用學位論文冒險的情況下，我剛好有機會將田野研究地點移到四川，在九寨溝附近的、汶川地震後的茂縣太平羌族聚落待了一段時間。

二〇〇九年我跟人類所的同學一起報名了教育部的學海飛颺獎學金，希望用一年的時間到國外大學交換。我的研究興趣在中國西南的少數民族，特別是他們離開大山之後到都市裡成為工人的過程與心態，原本我想去美國進修勞動研究。抽不到籤，或許一切都是命運安排。我是家裡第一個上大學也是第一個讀研究所的孩子，不知道其他學校要怎麼申請、也不知道要怎麼跟父母親討論，於是把清大姊妹校的清單讀了一遍，想著獎學金的總額去巴黎大概撐不了一季，我對自己當時的法文程度也沒有信心，另一方面覺得中印比較很有趣，就選擇去了新德里。

二〇一〇年透過清大社會所同學的介紹，我在舊德里見到研究流亡藏人道德經濟的潘美玲教授。印度生活的第一年是一連串戲劇化的災難，我第一個月就因為書包被公車車輪輾過，筆電、硬碟、相機到眼鏡全部報銷，幾乎年年拜訪印度的潘老師與我分享印度教她的功課：每一天都是全新的開始。帶著好奇，我二〇一〇年十月在臺灣朋友們的推薦下第一次坐過夜巴士上達蘭薩拉，印象最深刻的是咖啡店裡的炒蛋非常美味。去過拉薩好幾次的我覺得達蘭薩拉的一切都小而破舊，男人的眼光在我的身體上盤桓感覺非常不快，我在偶然發現的書店找背景資料隨意亂讀，政治宣傳的口吻讓人喘不過氣。偶然認識的臺灣女子向我傾訴她十多年前因為同情而與藏人結婚，而今她後悔了這個決定。夜晚酒館裡勾搭在一起的身體和白天在寺廟裡看到的氣氛像是人世轉輪上對照的不同圖像。搭同一班車上山，在車站認識的陌生男子邀請我一起吃早餐，我以為這只是當地人熱情好客，結果對方找到我下榻的旅館用力拍門、質問我房裡是否有男人。我人生第一次嚇傻，恐懼到全身蜷縮在寒冷的房間角落不應門也不開門。情緒久久不能平復，後來吃飯的時候偶然聽到旁邊的年輕白種男人說達蘭薩拉的一切都很性靈至上，這樣小小一件事居然能讓我怒火中燒。山很美，但人欲橫流是我對這個城鎮的第一印象。

十二月，我的一位朋友因為糖尿病急性發作住院，我們輪流去加護病房照顧她直到她脫離險境，然後重拾原訂計畫坐將近四十小時的火車離開新德里去了南方最大的拜拉庫比（Bylakuppe）流亡藏人屯墾區。在那裡，我遇見了從雲南藏區剛來留學還沒有什麼朋友的藏族學生多吉，他剛好也在放寒假，自願擔任我的家訪翻譯和助手。大片從無到有的田野、田野上工作的人們、為了謀生而必須學著做的各種勞動，這些相遇的經驗改變了我對流亡藏人聚居區的印象。在寺廟中為團體煮飯、打掃、做庶務的僧人，在學校裡努力教書的老師們和照顧孩童的家庭媽媽們，炎熱的天氣裡老男人們聚在樹蔭下玩骰子遊戲，充滿創意地把藏服變化著穿的阿姨叔叔們，用當地隨處可見的材料變出限定版家鄉美食，隨著時間自然就噗通噗通出現在世界上的孩子們曬得黝黑說著混和的語言，他們和我在政治宣傳品當中所看到的人們多麼不同，我腦中冒出念頭，想要說這些人的故事。

這一整年我都住在德里大學女生國際學生宿舍，與比利時和伊朗女孩們一起住大通鋪的第一個月過去後，我開始生根拓展網絡交了一群好朋友，我還在宿舍食堂認識了才蓓（Tsephel）和諾欣（Norzin）[1]，她們都是在印的流亡藏人第三代。才蓓家在拉達克，諾欣家在馬納利，都住在藏人定居營區，她們也都是家裡第一個上大學的女孩。學校系所禁止我修太多課，於是只好嘗試各種課外活動。德里大學缺乏母語中文教師，我從二〇一〇年開始在東亞系以兼任教師的身分加入他們的隊伍。諾欣對學中文非常感興趣，才蓓則喜歡外國文學，這兩個性格截然不同的朋友在同一個夏天邀請我去她們老家玩，於是二〇一一年我先去了馬納利然後再搭一整天的共乘吉普車去拉達克。喜馬偕爾邦的喜馬拉雅山東麓美得像圖畫書上線條清晰的夢境，景區都有看起來非常可憐的迷你氂牛供觀光客騎

攝於拉達克西藏兒童村校慶運動會，多年來我最喜歡的照片之一

乘，讓我想起西藏。我跟諾欣一家度過了美好的夏日野餐、散步、參觀考古遺跡和信仰自然崇拜的印度教古老神廟，認識她的家族、她成長的流亡藏人定居營區，在她家又吃又喝。諾欣親自送我上車前往才蓓家位在的高原，二十三小時前往拉達克的車程是地質學研究洗禮，雪有時高到我看不見天空和山稜線，我很幸運地帶了雨傘又機靈地買了當地特產羊毛外套所以不擔心上廁所走光也不怕冷。神保佑當時並不怎麼運動的我一點高山反應也沒有，活蹦亂跳後睡一覺醒來感覺身旁的人都在發抖，第二次醒來就到了才蓓家所在的喬格蘭薩爾（Choglamsar）藏人定居營區。才蓓等到深夜就為了在高速公路旁接我下車，晚上十點多我坐在他石頭灰泥砌成的老家，牆壁上是她爺爺過去心愛的牛羊頭骨、村子角落放著先人的骨灰塔。同樣是被餵飽了之後就被帶出去玩，我被分配住在房子最豪華的才蓓舅舅家，學會了煮茶和聽送水車的廣播，一星期只洗一次頭。馬納利和拉達克讓我看到流亡藏人定居營區在不同地理區位呈現完全不同的發展狀況：同樣的土地產權制度、幾乎完全相似的人口來源與歷史背景、同樣的流亡藏人行政中央政府機構治理結構、同樣的教育與健康基礎建設資源挹注，但在不同的自然地理與相伴人口結構配置下，馬納利的藏人社群人口成長快速而富足，拉達克的藏人社群年輕人口不斷外流。

我原先報考清大社會所是為了中國研究組的田野獎學金，後來我決定接續南印度之旅與諾欣

1　她後來曾到過臺灣高雄中山大學學習中文。

與才蓓的邀請，回到自己的初衷，研究移動的西藏與西藏人。西藏或圖博，對我來說沒有很大的差異，我訪問的對象怎麼稱呼他們自己我就沿用，對我來說他們決定自己是誰、想要怎麼做，我只是接受他們對自己身分的權威性，我無意參與政治的語言遊戲。因為田野地點不再是中國，流亡藏人也不覺得自己是中國人，為了籌措田野研究經費，我申請了雲門舞集的流浪者計畫[2]，並且通過在臺灣支援流亡西藏的團體甄選，成為被派去西藏兒童村學校擔任中文課程的志願教師培訓員之一。我的碩士論文經過幾重轉彎，終於在二〇一二年於達蘭薩拉離開城鎮靠近納迪的寄宿制完全中小學開展。那是藏人自焚開始一件接著一件的那幾年，每隔幾天或幾週，就有一個喝下助燃劑、全身用鐵絲裹滿棉花澆汽油燒到焦黑的屍體與鋪天蓋地的巨大悲傷和沉重控訴印入眼簾。

當生活裡沒有太多其他大事發生，接收其他消息的管道也有限，這些驚人的事實幾乎每天都會讓人至少想一遍。生命一條接著一條自焚痛苦至極地死亡，學生和我們都在問為什麼、該怎麼辦？我自然而然地把培訓老師和我培訓的老師所要教的學生都當成我應該要守護的對象，在培訓班另造安全的可歸屬之處。數個月與機構和學員的朝夕相處幫助我們之間建立信任，期間我回到半工半讀模式，清晨即起整理研究資料，八點半開始上班，四點後改到宿舍訪問，備課到深夜，睡不著時看著天花板上滴水擴大的霉。總長八個月的田野調查，除了休假回臺灣一趟，幾乎沒有轉身的縫隙。那段時間我沒有圖書資源也沒有穩定的網路，沒讀過什麼重要的相關研究，只是專心地泡在現象裡試圖了解不同的人所陳述的事實概念與形構，並且嘗試去了解我所感受到的一切。我所莫名不能說清楚的，用相機記錄視覺風景等我慢慢明白。

返回清大之後，我把交換田野進入許可的服務工作發展成兩個發展計畫「流亡西藏學校裡的漢語課」、「拉達克藏人學校青少年攝影培力工作坊」（TCV Ladakh Photography Empowerment Workshop）。兩個計畫透過群眾募資與清大學生從事國際服務的基金支持完成了原本設定的目標，計畫預期在一兩年分階段執行完畢後讓建立的機制能夠自行運轉。那段時間我一邊募款一邊執行計畫，同時寫論文與結案讓我轉向沉潛。漢語課計畫有我華語教學師資班的老師們和台大學妹晴瀅的幫助，我們順利完成藏人師資進修、招募志工短期教學和募款買課本等任務。我沉默地跟從事社會運動的朋友們站在一起，然而五花八門的論述與話術攪得我十分煩躁不安，和研究所同學合作攝影課專案工作結束後拆夥也讓我覺得感慨。流亡西藏對我來說有多重意義，不只是一個志工案場，可能我自己缺乏溝通與領導能力，我與印度臺灣的好友們一遍遍討論我的壓力和困惑，田野工作時寫的反省筆記也幫助我認清自己是什麼樣的人，有哪些局限。

那段時間還好我在學院裡還有一個位子讓我專心解構，陳祥水老師推薦我去蘭州跟隨李靜老師，溫暖仁慈的李老師讓我下鄉去甘肅，我摸索著決定去夏河做雙語教育、民族學校教育的田野

2　我當時申請的項目就是流亡藏人定居營區的建置過程，如今這本書也算是為當時帶著問題而開始的流浪書寫出完整的答案。

調查。我在二〇一三年我獲得中華發展基金會的獎助金回到西藏的東半部，去了一個臺灣人身分能夠去的地方，到那裏去核實我所聽到的孩子們為了受教育而流亡的故事情節。我在甘肅待了數月，跟蘭州大學研究西藏發展與牧民定居的年輕漢族學者們成了學友，也讀了不少中國國內的學者們撰寫的少數民族研究，自己覺得似乎發展出跨族群、跨邊界的理解。在中國，能夠出版的內容總比不能出版的少太多。流浪者計畫讓我深入一直想去的流亡後定居社群核心，然而下筆需要回到歸屬與說話的根本，沒去蘭州這一趟我可能不會有足夠信心去說這個流亡教育的故事。儘管這期間一直有中研院的老師熱心提醒我，我想做的主題都有人寫過了，她們的書也一本一本都出了，但讓我信心不足的其實是我的語氣一直都有自己身分的映照。返回蘭州聽見不同的聲音、不同的角度觀察、見見那些沒有離開過的人，讓我一口氣用很短的時間把論文結束。

我畢業後應徵了在南印度的工作，為的是能夠跟我喜歡的南印屯墾區更近一些，假日就是我搭火車返回田野的時候，我越來越接近定居屯墾區出來的年輕人，朋友也多半來自山地定居營區。在印度理工學院任教期間，就像當年潘美玲老師帶我去拜拉庫比，我也開始帶印度學生返回定居營區，鼓勵學生研究流亡藏人，這次田野行還加入了曾在西藏兒童村學校認識的女孩秋旦（Chotten），對於決定要用流亡藏人為主題寫碩論的狄維亞（Dyvia）和我來說都是非常特別的經驗。確定考上公費留學後我還多留了一年完成臺灣印度教育中心的工作，離職後我開始接受天下雜誌獨立評論、科技部計畫的南亞觀察平台[3]和SOS Reader（現在叫做方格子）的邀請寫專欄，一邊寫一邊思考自己說話的位置和姿態，但我無意以他人的故事牟利。二〇一六年我返回達蘭薩拉，重新開始學藏文並且準備訪問退伍軍人。我的活動範圍很小，但往舊識更深入，成為他們的鄰居、同學和乾女兒。那年初夏，我在燦爛時光書店和南亞研究協會各做了一場演講，一場講西藏內與外的發展，一場講投身於印巴戰爭的藏人軍隊。同時，我為流亡教育部的兒童雜誌寫了一個離開家鄉的男孩如何跟好友們同穿一條褲子的故事，並且為青少年校刊撰寫了討論自焚事件的散文「小錫兵」。那時我的心情已經不再只是一個研究生，而是學校的外國老師，或者社區裡喜歡小朋友們的阿姨。那段時間的寫作，不管是書面或口語的，像是一種和自我反思對話的過程，像是清楚知道有觀眾在場的演員彩排，在別人給我的舞台上，付出自己的勞動，希望從中長出一種可以稱作是公共知識（public scholarship）敘事風格。我一直知道有一天我會清楚自己應當在舒服的位置與用自己能夠認可的聲調來說這群人的故事。十多年過去之後，我在印度的難民研究工具書裡為西藏難民的部分開場[4]。

有句西藏諺語說：內心正直的人，即使駝著背走也看起來十分優美，就像將蠟燭倒置，火焰依然向上燃燒。這一路上我遇到了許多仁慈慷慨幫助過我的人，當然也出現過有心或無心利

3　特別感謝與珍惜和獨立評論廖雲章主編及謝瑩資深編輯的合作，她們的欣賞與協助讓我在寫作路上對自己更有信心。

4　Lin (2022) 'The Privileged Refugees: Questions on Tibetan Nationality and Citizenship'. In The Routledge Handbook of Refugees in India. Edited By S. Irudaya Rajan.

用與欺騙我的人。我想要特別感謝當年一路送我進去西藏兒童村學校的臺灣前輩，在西藏兒童村學校時指引我方向的校長和學務主任，自由西藏學生運動（Students for a Free Tibet）那幾年在達蘭薩拉的辦公室是我腦累心累的休息處，南部屯墾區行政辦公室裡對我表現出歡迎態度的職員，曾經共事過的翻譯們和這些年曾用心與我交流的學生們，和我討論過論文研究與書寫的師長與朋友們，曾在我靠近危險時伸手保護我的人們、不同立場卻理解我的人們，許多我不方便寫出的名字。我希望說出我們共有的故事。因為緣分我分享了這朵火焰，它曾給我溫暖與光，當然我也忍耐偶然的灼傷。許多年過去，我也接觸過來自西亞與非洲等其他地方的難民與已流亡幾世代的巴勒斯坦人，越發覺得這些我所熟知的事並不只是西藏人或者臺灣人的故事。

這本書在我撰寫博士論文的同時誕生，寫作這幾年像是身體裡有兩條力量交纏迴旋。博士養成是一套嚴謹的科學、方法論與業界操守訓練，相較之下，我早期的田野工作較隨性，未圍繞著一個既定的主題或者兩三個相關聯的問題，我只有一個基本的興趣方向，然後在做中學慢慢建構出屬於自己的版本、倫理與確認內在的發問。我像一隻鷹反覆在草場山坡盤桓獵食，消化田野筆記資料直到它們和我的身體合而為一。在念博士之前我的工作方法相當沒有效率而且浪漫，有了學歷和組織姓名之後，我開始像個業界人士一般從事田野研究，期望仍保留了容易打動人的情感氣質，我是誰不應該因為我的身分改變。

如果要統括地說我在這十多年交流互動蒐集訊息與對話中的角色，在流亡藏人的田野工作中，我認為自己扮演了一群生活在被剝奪感、無力和不確定性下的人們去談論他們生活的出口，十多年來我看著這群人當中年紀小的長大、陪伴著年紀長的人變老。作為一個書寫者，將這些折人心神的經驗與軼事化為超越性意涵的敘事。我花了很長時間思考這些敘事究竟具有那些世俗意義，以及我要與他們保持什麼樣的距離，對我來說才是舒服的。出國念書後打開眼界，西藏對我來說不再是那個遙遠、與臺灣不同的地方，它是我曾經去過、並嘗試了解過的高地之一，牧民的生活也不再新奇，各種經濟活動與組織運作都有相似相異之處。當中辛苦甘美一言難盡，但始終確定的是，我感謝和流亡西藏社群的相遇——它讓我思考關於移動性的理論、難民的定義框架、發展的意義與操作工具，並且有足夠的祝福讓起步從事社會科學研究的我即便想過要離開卻從未真正離開過。

我最初或許只是個熱心的援助志願者，後來成為現實的觀察與參與者。因此交到不少真心相待的藏人朋友，我也和他們討論臺灣與臺灣人面對的問題。在我十年前的碩士論文中曾提道：「當國家的邊界隨著全球化社經整合與人道救援工作延伸，經濟景氣循環與生存競爭反而加深了我群與他者之間的對立，我們生活在這個流動性與危機都前所未有地高漲的時代，更多的保護實際意味著主體性與施為（performance）更加脆弱。我認為流亡或許將象徵性地成為當代人的集體經驗，標誌核心與邊陲將隨視點的轉換而改變內野與外野，暫時失去與重獲認同的過程將成當代身分轉型重要的一環。」我覺得很有意思，因為我說的東西邏輯不嚴謹，但現象形態至少對了一半。研究難民或許是這樣的一個過程，從他人的追尋中反思自我生存的軌跡，不管是跨越河流與海洋，西藏人與漢人的歷史，或者是男人與女人（以及其中各種性別）的邊界。藏語中的故鄉指是父親的土地，對於我來說，那個境界是屬於母親的。離開印度到英國求學後，聯繫我和流亡西藏社群的是我的西藏母親，而妹妹與她的孩子、伴侶帶我去看到第三代和第四代藏人難民流動後嶄新的風景，我在他們身後記錄著我們共同所見。如何定義我是怎麼樣的研究者呢？我打算寫的故事帶有什麼樣的基調呢？這兩個問題花費了我很長的時間來思考與練習，現在我回答它們的方式是因為我感覺準備好了，而我自己所屬的社群與我描寫的人群或許都需要這樣一本書。

麥田出版社的林怡君編輯在二〇一六年的春天問我要不要寫一本書，我們在我離開臺灣前往英國求學的夏末傍晚帶著溫柔與期待的心情簽了約。我中間寫不出來或者不想寫的時候她總是不厭其煩付出耐心等候與協助，二〇二〇年我因為新冠疫情回臺灣後，也在麥田出版社會議室寫下不少章節，沒有她大概就不會有這本書。我在這段很長的時間中受到了非常多故人的幫助和陪伴，無法一一列舉姓名，只能謹小慎微的以這本書致意。最後，特別謝謝在臺灣、印度、美國、歐洲的家人們，他們容忍我的缺席，擁抱我每次回返，接住我在遠方遞送的羈絆。

像一群晚熟的蟬的其中一隻，這本書破土後可能會聲大一陣子，然後將發響的聲音空間交接給不斷延續的物種生命中的其他人。但願有人會記得我曾盡了全力。

桑和朵瑪

西藏離散社群的流動與社會韌性

作　　者／林汝羽
主　　編／林怡君

國際版權／吳玲緯　楊靜
行　　銷／闕志勳　吳宇軒　余一霞
業　　務／李再星　陳美燕　李振東
編輯總監／劉麗真
發 行 人／涂玉雲
出　　版／麥田出版
城邦文化事業股份有限公司
(115020) 台北市南港區昆陽街16號4樓
電話：(02) 2500-0888　傳真：(02) 2500-1951
部落格：http://blog.pixnet.net/ryefield
發　　行／英屬蓋曼群島商家庭傳媒股份有限公司城邦分公司
台北市民生東路二段141號11樓
書虫客服服務專線：02-25007718・02-25007719
24小時傳真服務：02-25001990・02-25001991
服務時間：週一至週五 09:30-12:00・13:30-17:00
郵撥帳號：19863813　戶名：書虫股份有限公司
讀者服務信箱E-mail：service@readingclub.com.tw
歡迎光臨城邦讀書花園　網址：www.cite.com.tw
麥田網址／http://ryefield.com.tw
香港發行所／城邦（香港）出版集團有限公司
香港灣仔駱克道193號東超商業中心1樓
電話：(852) 25086231　傳真：(852) 25789337
E-mail：hkcite@biznetvigator.com
馬新發行所／城邦（馬新）出版集團【Cite(M)Sdn. Bhd】
41, Jalan Radin Anum, Bandar Baru Sri Petaling,
57000 Kuala Lumpur, Malaysia.
電話：(603) 90578822　傳真：(603) 90576622
E-Mail: cite@cite.com.my

封面設計／倪旻鋒
印　　刷／前進彩藝有限公司

■2024年2月　初版一刷

定價：420元
ISBN 978-626-310-599-7

國家圖書館出版品預行編目（CIP）資料

桑和朵瑪：西藏離散社群的流動與社會韌性 -- 初版. -- 臺北市：麥田出版, 城邦文化事業股份有限公司出版：英屬蓋曼群島商家庭傳媒股份有限公司城邦分公司發行, 2024.01
　面；　公分
ISBN 978-626-310-599-7（平裝）

1.CST: 西藏問題　2.CST: 報導文學
3.CST: 印度

676.64　　112020089